DIE LETZTEN JAHRE
DER ZWEITEN REPUBLIK

Georg Renner

DIE LETZTEN JAHRE DER ZWEITEN REPUBLIK

Migration, Pandemie und Inflation:
Der Vertrauensverlust in die Politik

Medieninhaber, Verleger und Herausgeber:
Red Bull Media House GmbH
Oberst-Lepperdinger-Straße 11–15
5071 Wals bei Salzburg, Österreich

Umschlaggestaltung: wir sind artisten
Coverfoto: © Parlamentsdirektion / Johannes Zinner
Satz: MEDIA DESIGN: RIZNER.AT
Gesetzt aus der Palatino, Garaje
Lektorat: Sophia Angerer
Korrektorat: Elisabeth Skardarasy
Autorenillustration: Claudia Meitert / carolineseidler.com

Printed by Finidr, Czech Republic
ISBN: 978-3-7110-0359-1

INHALT

Migration, Pandemie, Inflation. Dazwischen eine endlose Bundespräsidentenwahl, kontrolliert und unkontrolliert gesprengte Regierungen, Korruptionsermittlungen auf offener Bühne. Es waren und sind interessante Zeiten, die Österreich seit zehn Jahren durchmacht. Zeiten, in denen wir kurz hintereinander mehrfach einen unvermutet schwachen Staat und einen unerhört starken Staat vorgeführt bekommen haben: einen Staat, der offenbar seine Grenzen nicht mehr kontrollieren kann und mehrmals an der Wahl eines Staatsoberhauptes scheitert; aber auch einen Staat, der von heute auf morgen Unternehmen, Parks und Schulen zusperren sowie das unerlaubte Überschreiten von Bezirksgrenzen unter Strafe stellen kann. So etwas macht etwas mit einem Volk, mit den Bürgern und der Politik – und davon handelt dieses Buch.

Sehr wahrscheinlich haben Sie eine recht klare Meinung zu vielen dieser Dinge. Die habe ich auch, habe sie in diesen zehn Jahren in zahlreichen Kommentaren niedergeschrieben, in der *Presse*, der NZZ, bei *Addendum*, der *Kleinen Zeitung* und im *Datum*. Manche davon würde ich heute genauso noch einmal schreiben, bei anderen habe ich meine Meinung seither geändert. Aber darum geht es hier nicht – wenn Sie dieses Buch kaufen, um sich darin bestätigt zu fühlen, dass die »Grenzöffnung« von 2015 richtig oder diese und jene Corona-Maßnahme falsch war (und umgekehrt), werde ich Sie enttäuschen. Das hier soll keine Bewertung dessen sein, was die Regierungen dieser Jahre getan oder nicht getan haben, keine Abrechnung, keine Lobpreisung.

Es geht mir darum, einen Bogen zu schlagen von der freudlosen, gerade noch »Großen Koalition« von 2013 bis in das Wahljahr 2024, in dem ein Wunder geschehen müsste, damit

ÖVP und SPÖ zusammen auch nur noch einmal in die Nähe einer gemeinsamen Mehrheit im Nationalrat kommen. Ich halte das für eine logische Entwicklung nach diesen zehn Jahren, die wir gerade alle zusammen in dieser Republik durchgemacht haben – und vielleicht sehen Sie das am Ende dieses Buches genauso.

Auf den ersten Blick mag dieser Zeithorizont willkürlich gewählt sein. Aber tatsächlich hat Österreich in diesen Jahren durch eine Vielzahl von Krisen eine so außerordentliche politische Erfahrung durchgemacht, dass es eine Überraschung wäre, wenn das Land am Ende dieses außerordentlichen Jahrzehntes noch dasselbe wäre wie an seinem Anfang – und das ist es auch nicht, wie das »Superwahljahr« 2024 uns endgültig vor Augen führt.

Als sich in der Nacht auf 10. Juni 2024 langsam der Staub des Wirbels rund um die Wahl zum Europaparlament legt, diskutiert Österreich vieles: Dass die Freiheitlichen unter Herbert Kickl stärkste Partei geworden sind zum Beispiel, warum die SPÖ unter Andreas Babler nicht vom Fleck gekommen ist, dass die Grünen trotz ihrer Spitzenkandidatin nicht unter zehn Prozent gefallen sind und so weiter. Die vielleicht größte Zäsur dieses Wahltags bleibt aber, für den Moment, außer Acht: Zum ersten Mal nach dem Zweiten Weltkrieg haben die Bürger ÖVP und SPÖ, den beiden Parteien, die die österreichische Republik aufgebaut und durch die Jahrzehnte geführt haben, keine Mandatsmehrheit mehr verliehen.

Zugegeben, es ist knapp. 20 Abgeordnete schickt die Republik nach Straßburg, nach dieser Wahl am 9. Juni stellen Volkspartei und Sozialdemokraten jeweils fünf davon. Und im EU-Parlament macht das nicht viel Unterschied, weil die österreichischen Abgeordneten dort nur eine Handvoll Spieler in einem gewaltigen Orchester europäischer Parteienfamilien sind. Welche einzelnen nationalen Parteien miteinander eine Mehrheit hätten oder nicht, interessiert dort zu Recht niemanden.

Aber für Österreich ist diese Wahl, ist das Jahr 2024 mit der Nationalratswahl ein logischer Schlusspunkt einer politischen Kontinentalverschiebung: Das politische Zeitalter, in dem SPÖ und ÖVP zusammen immer automatisch eine Große Koalition bilden konnten, ist vorbei. Die Zweite Republik, die sich über Jahrzehnte durch Gegensatz und Zusammenspiel, durch Machtstrukturen und Wählerschaften dieser beiden Parteien definiert hat – es gibt sie nicht mehr. Wie auch immer die nächsten Wahlen konkret ausgehen werden: Die Politik unserer Republik wird in den kommenden Jahrzehnten zwangsweise dynamischer und mehrpoliger sein als in jenen, die bis zu diesem Punkt geführt haben.

Dass ÖVP und SPÖ ihre automatische Mehrheit eingebüßt haben, ist keine plötzliche Entwicklung. Es ist ein langfristiger Prozess, der über Jahrzehnte an Fahrt aufgenommen hat, getrieben von nationalen wie internationalen Trends und Einflüssen, von Persönlichkeiten wie Freda Meissner-Blau oder Jörg Haider, aber auch von technologischen Faktoren wie der Digitalisierung der politischen Kommunikation und der Vervielfältigung demokratischer Diskursräume. Aber wirklich final manifestiert hat sich dieses Ende der Zweiten Republik, der finale Bruch mit der rot-schwarzen Mehrheit im Bund, in diesen vergangenen zehn Jahren.

Die Republik ist in das Jahr 2014 mit der Großen Koalition unter Werner Faymann und Michael Spindelegger gestartet, die – obwohl sie in den Jahren davor die Schockwellen der weltweiten Finanzkrise und der darauffolgenden Eurokrise für Österreich ziemlich passabel wegmoderiert hatte – in sich

schon eine gewisse Endzeitstimmung trug. In den Jahren
darauf folgten fast unmittelbar nacheinander: Die Migrationskrise. Die endlose Bundespräsidentenwahl von 2016. Die gezielte Sprengung der Koalition. Das »Ibiza-Video« und seine
Folgen. Die erste Abwahl einer österreichischen Regierung,
die erste »Expertenregierung«, ein beispielloses Wahlzuckerl-
Verteilen im Parlament. Die Corona-Krise mit all ihren massiven
Einschnitten in Alltag und Freiheit. Ermittlungen gegen eine
Regierungspartei, Hausdurchsuchungen im Kanzleramt. Der
russische Angriff auf die Ukraine. Eine Energiekrise. Eine
massive Inflation.

All das hat unserem Land vieles vor Augen geführt: Wir
haben zum Beispiel erlebt, wie unser Staat in der Migrationskrise einerseits Großes bei der Versorgung Zehntausender
Menschen geleistet hat – und wie er völlig die Kontrolle über
seine Grenzen verloren hat, wie er über Monate nur noch
Passagier europäischer und internationaler Entwicklungen war.

Die Bundespräsidentenwahl hat uns fast ein Jahr lang
beschäftigt – den Großteil davon im Rahmen eines Duells
von Repräsentanten diametral unterschiedlicher Parteien, der
Grünen und der FPÖ. Ich glaube, dass diese langgezogene
Polarisierung in zwei Lager – unvermeidlich bei einer Stichwahl annähernd gleich populärer Kandidaten – dem Land
nicht gutgetan hat.

Oder die Covid-Maßnahmen: Binnen weniger Wochen
haben wir gelernt, dass ein eher nur medioker auf solch eine
Situation vorbereiteter Staat auf Basis von Gesetzen, die noch
der Kaiser kundgemacht hat, massiv in unser Leben, unsere
Freiheit eingreifen kann. Dass dieser Staat sogar bereit wäre,
die Menschen im Land bei Strafe zu einer Impfung zu zwingen – beschlossen bei einem Treffen der Landeshauptleute,
ohne dass es eine größere Diskussion darüber gegeben hätte.

Und dann ist da noch die wirtschaftliche Krise, ausgelöst primär durch den russischen Überfall auf die Ukraine. Sie kostet Österreich schließlich – auch weil sich die Republik in den vorangegangenen Jahren Russland sehenden Auges an den Hals geworfen hat – etwas, das lange Zeit Basis unserer stabilen Zweiten Republik war: Wir verlieren an Wohlstand. Ein paar Monate lang können staatliche Hilfs- und Förderprogramme das noch übertünchen – aber jetzt, Mitte 2024, zeichnet sich ab: In irgendeiner Form werden die Österreicher die Rechnung dafür zahlen müssen, ob durch eingeschränkte staatliche Leistungen oder höhere Steuern.

Ich möchte hier nicht den Eindruck erwecken, dass all das die Schuld der ehemaligen Großparteien wäre. Manches, wie zum Beispiel der Wohlstandsverlust infolge von Energiekrise und Inflation, hätte sich sehr wahrscheinlich so oder so nicht vollständig vermeiden lassen. Anderes, wie die Macht- und Verantwortungsverteilung zwischen Bund und Ländern, deren Defizite etwa bei der Unterbringung von Migranten oder der Bewältigung der Pandemie offensichtlich geworden sind, hat man tatsächlich über Jahre und Jahrzehnte schleifen lassen.

Aber dass so ein Jahrzehnt unterschiedlichster Krisen nicht spurlos an einem Staat vorbeigeht, dass die Reibung ihn, seine Bürger und politischen Institutionen »wundscheuert«, wie es der deutsche Gesundheitsminister Jens Spahn während der Pandemie einmal formuliert hat, scheint mir offensichtlich. Dass es in so einem politischen Klima etablierte Strukturen schwer haben und jene profitieren, die die Stimmung einer von der Dauerbelastung geprüften – oder zumindest genervten – Bevölkerung am besten einfangen können, ebenso. Und es gehört zur Tragödie der Demokratie, dass das nicht immer jene sind, die auch die besten Lösungen für die jeweiligen Krisen parat haben.

Dieses Buch ist allen gewidmet, die sich politisch betätigen, vom Bundespräsidenten ganz oben bis hinunter zum Gemeinderat. Auch wenn man uns Journalisten gerne nachsagt, die Macht, die wir beschreiben, in Wirklichkeit ja selbst haben zu wollen: Ich beneide niemanden von ihnen – und ganz besonders niemanden, der in diesen zehn Jahren Verantwortung getragen hat.

Ich wollte nicht Werner Faymann oder Johanna Mikl-Leitner sein, als sie am Abend des 5. September 2015 erfahren haben, dass Viktor Orban den Marsch der Migranten Richtung Wien nicht aufhalten wird – und damit die Österreicher vor die Wahl gestellt hat, innerhalb von Stunden die Grenze dicht zu machen (schon logistisch ein praktisch unmögliches Unterfangen) und die Massen im Ernstfall auch mit Gewalt daran zu hindern, ins Land zu kommen. Ich hätte nicht mit Alexander Van der Bellen tauschen wollen, als ihm Ende Mai 2019 klar wurde, dass in wenigen Stunden ein Parlament unversöhnlicher Parteien die Regierung per Misstrauensantrag in die Wüste schicken würde, die er erst ein paar Tage vorher ernannt hatte – und er schnell eine tragfähige Alternative brauchen würde. Ich wollte nicht in der Haut von Rudolf Anschober und Sebastian Kurz stecken, als im März 2020 im Minutentakt die Nachrichten über Hunderte Corona-Tote in Italien durch die Meldungsübersicht liefen – und sie vor der Entscheidung standen, das öffentliche Leben und die Wirtschaft in Österreich binnen weniger Tage praktisch auf null zu stellen.

Und ich bin froh, nicht Karl Nehammer gewesen zu sein, als Wladimir Putin, in den vergangenen Jahren von praktisch allen in Österreich als politischer Freund, wirtschaftlicher Verbündeter und »strategischer Partner« umworben, in der Nacht auf den 24. Februar 2022 die Ukraine überfiel – und schnell klar wurde, dass das die Österreicher schon alleine dank ihrer selbst verschuldeten Abhängigkeit Milliarden kosten würde.

Sie alle und viele mehr hatten in diesen Momenten enorme Verantwortung – Verantwortung, an die sie wahrscheinlich nie gedacht hatten, als sie ihre Ämter antraten. Sie mussten Entscheidungen treffen, wie sie mit diesen Situationen umgehen sollten.

Mein Ziel ist es, in diesem Buch zu zeigen, welche Entscheidungen das waren, welche Gründe sie dafür hatten, über zehn Jahre Kontext herzustellen; Kontinuitäten aufzuzeigen, deren Bestandteile wir im innenpolitischen Alltag allzu oft nur als Momentaufnahmen wahrnehmen. Das ist keine Tag-zu-Tag-Schilderung von allem, was da so innenpolitisch passiert ist; ich versuche, den Fokus auf exemplarische Momente zu setzen, die die großen Züge dieser Zeit illustrieren. Das kann und wird stellenweise mancher Partei, manchen Politikern gegenüber ungerecht sein, weil aus ihrer Sicht wichtige Initiativen, spannende Projekte oder auch himmelschreiende Skandale unter den Tisch fallen und zwischen den Krisenerzählungen untergehen. Das liegt in der Natur der Sache, weil ich versuche, die relevanten Züge dieser Jahre zu schildern, keinen vollständigen politikwissenschaftlichen Abriss zu erstellen.

Anders als manche Kollegen halte ich das Ende der Zweiten Republik nicht zwingend für etwas Schlechtes. SPÖ und ÖVP haben, mit ihren Strukturen und Institutionen, den Kammern, Gewerkschaften und Vereinen in ihrem Hintergrund, historische Verdienste um dieses Österreich erworben. Es ist nach wie vor einer der besten Staaten der Welt, einer der reichsten, sichersten, gerechtesten und saubersten, ein guter Ort, um hier zu leben und seine Kinder groß werden zu sehen. Es wäre närrisch, darin nicht auch einen Verdienst einer Politik der zwei großen politischen Lager des 20. Jahrhunderts zu sehen, die den Kompromiss institutionalisiert und Konflikte in fade Verhandlungssäle statt auf die Straße verlagert hat.

Dass dieses System, in dem zwei Parteien immer eine staatstragende Mehrheit miteinander haben, unwiederbringlich vorbei ist, ist mittlerweile evident. Seit 2013 haben die Neos Österreich ziemlich fix zu einem Fünfparteiensystem gemacht, zwei Kleinparteien mit geringer Halbwertszeit (Team Stronach und Liste Pilz / JETZT) haben gezeigt, dass die Wähler mobiler sind als je zuvor. Trends aus den Bundesländern bzw. der letzten Präsidentschaftswahl – man denke an die Erfolge der Anti-Corona-Liste MFG, der linksalternativen Bierpartei oder der Kommunisten – deuten darauf hin, dass das Spektrum noch breiter, die Mehrheitsfindung noch schwieriger werden könnte.

Es stehen uns also auch weiterhin interessante Zeiten bevor, fürchte ich. Bevor wir uns damit beschäftigen, was da kommen mag, möchte ich Sie einladen, in diesem Buch mit mir einen Blick darauf zu werfen, wie wir an diesen Punkt gekommen sind. Ich glaube, man kann für dieses Wahljahr und darüber hinaus viel lernen.

→ Darüber, wie Krisen politische Systeme überfordern, wie man als Politiker an ihnen scheitern und wie man sie überleben kann.

→ Darüber, worauf die Republik und ihre Regierungen jedenfalls vorbereitet sein müssen.

→ Und darüber, wie man in bewegten Zeiten eine Koalition verhandeln und führen sollte.

KAPITEL 1

DIE LETZTE GROSSE KOALITION

→ Wie die ungeliebte Zusammenarbeit zwischen Werner Faymann und Michael Spindelegger politisch und personell die Weichen für die nächsten zehn Jahre gestellt hat.

→ Wie Reinhold Mitterlehner noch einmal Schwung in ein tot geglaubtes Modell gebracht hat.

→ Was das jahrelange Laborieren und Scheitern daran, eine Handvoll Heeresmusikanten einzusparen, uns über die sicherheitspolitische Traumwelt und fundamentale Reformaversion Österreichs lehrt.

Am 26. August 2014 gelingt Michael Spindelegger – Vizekanzler, Finanzminister und ÖVP-Chef – etwas, das dem 54-jährigen
Verwaltungsjuristen aus Niederösterreich sonst nicht allzu oft
nachgesagt wird: eine Überraschung.

Ein guter Teil des politmedialen Betriebs aus Wien ist in
dieser Woche nach Tirol übersiedelt, wo das Forum Alpbach
gerade unter einem außenpolitischen Schwerpunkt in die
Politik- und Wirtschaftsgespräche gestartet ist, der sich Jahre
später noch furchtbar aktuell liest: Bundespräsident Heinz
Fischer hatte bei der Eröffnung des Forums gerade erst betont,
dass trotz der russischen Militäroperation in der Ostukraine
»ein faires und vernünftiges Verhältnis« zwischen der EU und
Moskau wichtig wäre; das Staatsoberhaupt kritisierte auch
Israel wegen seines Krieges gegen die Hamas im Gazastreifen:
Die Zahl der palästinensischen Opfer weise eine »beträcht-
liche, wenn nicht extreme Unverhältnismäßigkeit« auf.

In Wien sind die innenpolitischen Ressorts der Redaktionen
in diesen letzten Sommertagen nur dünn besetzt, als Dienstag-
früh eine unerwartete Einladung in die Mailboxen der Journalisten flattert: Spindelegger lädt für 9 Uhr zu einer Pressekonferenz ins Dachgeschoß des Finanzministeriums. Den Code
»Persönliche Erklärung« wird erst zweieinhalb Jahre später sein
Nachfolger Reinhold Mitterlehner prägen, aber schon 2014
ist jedem klar, dass bei einem so kurzfristig einberufenen
Statement nicht viel anderes anstehen kann als ein Rücktritt.

Und so ist es dann auch: Knapp zehn Minuten braucht
Spindelegger, um seinen Rückzug aus allen Funktionen in
Partei und Bundesregierung zu erklären. Er wird – auch das
war bisher eher keine seiner definierenden Eigenschaften – sehr
deutlich: »Jetzt ist eine Situation erreicht, wo aus der eigenen

Partei ein klares Signal kommt. Es gewinnen die die Oberhand, die sagen: ›Wir müssen auf diesen Populismuszug aufspringen.‹« Nach diesen Worten geht Spindelegger, Fragen lässt er nicht zu. Es liegt ohnehin alles auf dem Tisch: Auch wenn der Zeitpunkt seines Rücktritts überraschend gewesen sein mag: Spindeleggers Demontage hat auf offener Bühne stattgefunden, jeder weiß, was gemeint ist.

Zu diesem Zeitpunkt ist die Tinte unter dem Regierungsabkommen der bis dato letzten Großen Koalition in Österreich noch kein Jahr alt. Erst Ende 2013 hatte Spindelegger, der die Volkspartei 2011 von Josef Pröll übernommen hatte, mit Bundeskanzler und SPÖ-Chef Werner Faymann das Papier »Erfolgreich. Österreich.« unterzeichnet. Trotz leichter Verluste beider Parteien – bei der Nationalratswahl am 29. September 2013 hatten sie zusammen nur noch 50,8 Prozent der Stimmen erhalten – sollte es die seit 2006 bestehende rotschwarze Zusammenarbeit um weitere fünf Jahre verlängern.

»Unambitioniert« ist damals noch die freundlichste Einschätzung, die politische Beobachter der Neuauflage der Großen Koalition geben. Eine Liebesehe ist es sowieso nicht, eher eine Partnerschaft aus Mangel an Alternativen: Die einzige andere theoretisch mögliche Zweierkoalition aus SPÖ und FPÖ hätte mit 92 der 183 Sitze im Nationalrat eine Mehrheit von einem einzigen Mandat gehabt – und die Sozialdemokraten schließen eine Zusammenarbeit mit den Freiheitlichen von vornherein aus. Einige Tage lang liebäugelt man in der ÖVP mit einer Dreierkoalition mit der FPÖ unter Heinz-Christian Strache und dem soeben ins Parlament eingezogenen Team Stronach, angesichts dessen Instabilität verwirft man diese Variante aber schnell wieder (in der Rückschau eine vernünftige Entscheidung, wenn man sich die Entwicklung der Stronach-Truppe über die folgenden Jahre anschaut).

Während der zwei Monate andauernden Koalitionsverhandlungen haben die Parteien ihre liebe Not miteinander, stehen mehrmals vor einem Abbruch; während Spindeleggers Volkspartei unter dem Eindruck der Eurokrise auf einen staatlichen Sparkurs samt höherem Pensionsalter drängt, verlangt die SPÖ eine Bildungsreform – Stichwort »Gesamtschule« – und neue »Millionärssteuern«, um breite Steuersenkungen zu finanzieren.

Erst als der Bundespräsident – Fischer ist selbst überzeugter Großkoalitionär – Spindelegger Anfang Dezember ins Gewissen redet, findet sich Ende 2013 doch noch ein neuer rot-schwarzer Pakt. Man sieht ihm den Kompromiss an allen Enden an, es ist ein reines »Weiter wie bisher«-Programm: 197-mal ist auf den 107 Seiten die Rede davon, dass man etwas »stärken« will, 71-mal, dass etwas »weiterentwickelt« werden soll, 56-mal soll »evaluiert« werden; für die Zukunft werden Verwaltungsreformen in Aussicht gestellt, auch ein nicht näher definierter »Pakt für Wachstum« soll gegen die Langzeitfolgen der gerade überstandenen Weltfinanzkrise helfen. Große Visionen, Leuchtturmprojekte gibt es in diesem 2013er-Übereinkommen nicht. Faymann selbst formuliert bei der Präsentation: »Man muss Österreich nicht neu erfinden.« Und genau so liest sich das Programm.

Mehr Einfluss auf die folgenden Jahre sollten die Personalentscheidungen der neuen alten Koalition haben, besonders jene auf der schwarzen Seite: Auf Spindeleggers Wunsch steigt Sebastian Kurz, Obmann der Jungen Volkspartei, vom bloßen Staatssekretär im Innenministerium zum Außenminister auf, Strafverteidiger Wolfgang Brandstetter wird Justizminister, zusätzlich schafft die Koalition ein neues Familienministerium, um die aus den Medien bekannte Meinungsforscherin Sophie Karmasin in die Regierung zu holen. Und als Kabinettschef nimmt Spindelegger seinen bisherigen Pressesprecher Thomas Schmid vom Außen- ins Finanzministerium mit. (Ich will hier nicht zu viel spoilern, aber: Alle Genannten werden uns in späteren Kapiteln noch beschäftigen.) Das Wissenschaftsministerium löst man einstweilen als eigenständige Einheit auf und schlägt es dem Wirtschaftsministerium zu.

Sowohl Faymann als auch Spindelegger ernten selbst in den eigenen Reihen nur mäßig Applaus für ihr Verhandlungsergebnis: Vor der Abstimmung im SPÖ-Vorstand schmeißt der steirische Landeschef Franz Voves alle Funktionen in der Bundespartei demonstrativ hin, der Vorarlberger Landesobmann stimmt mangels Einigung auf eine Gesamtschule gegen das Programm. Auch der steirische ÖVP-Chef Hermann Schützenhöfer verlässt die Bundesgremien vor der Abstimmung, um nicht aktiv dagegen stimmen zu müssen – tags darauf feixt sein Klubobmann im steirischen Landtag, Christopher Drexler, Richtung Wien, der Job als Oppositionschef wäre gerade besonders attraktiv: »Der bekommt von der Regierung gleich die ersten Elfer aufgelegt.«

Aus heutiger Sicht war Spindeleggers politisches Schicksal wohl schon im Dezember 2013 besiegelt: Die Monate nach dem Koalitionspakt, für den Finanzminister geprägt vom Ringen um Steuerreform und / oder Budgetdisziplin, sollten – das letzte Mal seither – die mustergültige Aufführung eines Prozesses werden, den die Volkspartei über die vergangenen Jahrzehnte perfektioniert hatte: Tod durch tausend Stiche(leien) – die Demontage eines Bundesobmanns durch Länder und Bünde.

Anfang Jänner hatte sich die ÖVP-Spitze noch zu einem nächtlichen Krisentreffen im Springer Schlössl in Wien-Meidling versammelt – und sich danach noch einmal hinter Spindelegger gestellt. Keiner, wirklich keiner der schwarzen Würdenträger, die sich davor oder in den Monaten danach zu Wort meldeten, habe Spindelegger auch nur im Ansatz in Frage stellen wollen, definitiv nicht, versichert man wortreich: Nicht der langjährige Wirtschaftskammer-Präsident Christoph Leitl, der angesichts der Kombination aus Vizekanzler, Parteichef und Finanzminister eine »Überforderung« attestiert (dass der Wirtschaftsbund mit der Übernahme des Finanzministeriums durch den Angestellten-Bündler Spindelegger seine höchstrangige Vertreterin in der Regierung, Maria Fekter, verloren hatte, mag dabei eine Rolle gespielt haben). Nicht die Landeshauptmänner von Salzburg, Tirol und Vorarlberg, die sich entgegen Spindeleggers Gymnasium-Linie für eine gemeinsame Schule der 10- bis 14-Jährigen aussprechen (dass durch die Auflösung des Wissenschaftsministeriums der Tiroler Karlheinz Töchterle seinen Job verloren hatte – ein Zufall). Und ganz sicher nicht Oberösterreichs Landeshauptmann Josef Pühringer, der sich entgegen der Parteilinie durchaus »eine echte Millionärssteuer« vorstellen kann (im Herbst würde in Oberösterreich gewählt werden).

Zu derart hilfreichen Äußerungen aus der eigenen Partei kommen dauernde Reibereien mit dem Koalitionspartner. Anfang Juli richtet Spindelegger angesichts eines mehrere Hundert Millionen Euro großen Budgetlochs der SPÖ aus, sie möge doch bitte »aus ihrem Dornröschenschlaf von der süßen Steuerreform aufwachen« – worauf deren Klubobmann Andreas Schieder kontert, der Vizekanzler möge doch bitte nicht »mit blöden Märchensagern kommen« – vor allem, wenn man bedenke, »dass Dornröschen fast gestorben wäre an der vergifteten Spindel.«

Im Nachhinein endet Spindeleggers Weg wie viele politische Karrieren: »Gradually, then suddenly«, um es mit Hemingway zu sagen. Überraschend in dem Moment, in dem es passierte, aber in der Gesamtsicht logische Konsequenz einer dysfunktionalen Beziehung zwischen SPÖ, ÖVP und deren Untergliederungen. Es ist das Ende Spindeleggers in der Bundespolitik, aber noch nicht das Ende der Koalition – denn ein Nachfolger steht schon bereit.

DJANGO-EFFEKT

All die gerade beschriebenen Dinge – der mäßige Erfolg bei der Nationalratswahl 2013, die monatelangen Regierungsverhandlungen, das bescheidene Ergebnis, die beiderseitigen Bekundungen, man arbeite nur noch zusammen, weil es halt keine Alternativen gebe, der Streit innerhalb und zwischen SPÖ und ÖVP, ehe noch die Tinte unterm Regierungspakt trocken war – all das hat die österreichischen Wähler nur sehr bedingt in Begeisterung für die neue Große Koalition entflammt.

Einzelne Umfragen sollte man nie überbewerten, aber in der Gesamtschau ist der Trend eindeutig: Ab Dezember 2013 – also rund um den Abschluss des rot-schwarzen Regierungspaktes – liegt die FPÖ unter Heinz-Christian Strache in der Sonntagsfrage (»Wenn heute Nationalratswahl wäre, für wen würden Sie stimmen?«) durchgängig zwischen 25 und 30 Prozent der Stimmen – und damit an erster Stelle vor SPÖ und ÖVP, die von ihren Wahlergebnissen (27 bzw. 24 Prozent) jeweils Richtung 20 Prozent absacken.

Eine Rolle bei diesem (Wieder-)Aufstieg der Freiheitlichen spielt auch, dass sich ihre Konkurrenten rechts der Mitte selbst aus dem Spiel genommen haben: Das vom 2008 verstorbenen ehemaligen blauen Hauptakteur Jörg Haider gegründete Bündnis Zukunft Österreich (BZÖ) hatten die Bürger bei der Nationalratswahl abgewählt. Und das Team Stronach war

Ende 2013, nur wenige Wochen nach seinem Einzug in den Nationalrat, schon wieder in Chaos und Auflösung versunken, als sein Gründer, der sprunghafte austro-kanadische Milliardär Frank Stronach, seinen Rückzug aus der Politik angekündigt hatte.

Kurz nach der Wahl ist die rot-schwarze Mehrheit in allen Sonntagsfragen weg, die Umfragewerte dümpeln fortan auf niedrigem Niveau dahin – was Faymanns und Spindeleggers innerparteiliche Probleme noch weiter befeuert. Eine Trendwende sollte ausgerechnet jemand bringen, dem man das auf den ersten Blick nicht so zugetraut hätte.

Dass Wirtschafts- und Wissenschaftsminister Reinhold Mitterlehner Spindelegger nachfolgen würde, war für ÖVP-Verhältnisse geradezu mit Lichtgeschwindigkeit klar. Noch am Dienstagabend nominiert der Parteivorstand einstimmig den 58-jährigen Juristen, der im oberösterreichischen Wirtschaftsbund politisch groß geworden ist, als Parteiobmann und Vizekanzler. Mitterlehner gilt schon lange als Personalreserve, eine große Diskussion über Alternativen gibt es diesmal nicht. Einzig Erhard Busek – er war in den 1990ern selbst ÖVP-Chef und Vizekanzler und ist seither zum Dauerkritiker seiner Partei avanciert – lässt aus Alpbach ausrichten, der Personalwechsel sei bloße Symptombehandlung; zentrale Fragen, wofür die Volkspartei stehe, bleiben ungelöst: »Das ist die typische Handlung der ÖVP: Jetzt haben wir einen Obmann, und der ist wieder an allem Schuld«, so Busek.

Ob es nun die Personalie Mitterlehner ist oder die aus den verheerenden Umfragen geborene Angst der Koalitionäre vor dem Wähler: In den folgenden Monaten wirkt es eine Zeit lang, als ob sich die Regierung noch einmal zusammenreißen würde. Trotz widrigen Voraussetzungen: Die Differenzen zwischen Rot und Schwarz – über Steuern, über das

Heer, über die Verteilung von Asylwerbern – sind ja nicht weniger geworden, das Regierungsprogramm gilt weiter, beide Parteien wollen sich unter Druck von Opposition, Gewerkschaften, Bünden und Landesorganisationen weiter profilieren – auch gegeneinander.

Aber atmosphärisch dreht sich dann doch etwas: Statt einander öffentlich Unfreundlichkeiten über die Medien (»Märchenstunde«) auszurichten, versuchen die Koalitionsspitzen und ihre Büros nun, unterschiedliche Positionen zumindest disziplinierter zu kommunizieren – und, quasi in einer Art Proto-»Message Control«, sogar zu inszenieren. Mitterlehner sagt im *Kurier* kurz nach seinem Aufstieg: »Es reicht nicht, in Bildern zu signalisieren, dass es einen neuen Stil gibt. Das muss für die Bürger spürbar sein.«

Ein Beispiel dafür ist die Steuerreform, an der Spindelegger gescheitert war. Mitterlehner ist, obwohl aus dem Wirtschaftsbund der ÖVP, schlau genug, nicht gleichzeitig die Parteiführung und das Finanzministerium zu übernehmen – eine Position, in der gerade schwarze Minister sich als Hüter eines ausgeglichenen Budgets darstellen müssen. Dafür holt er als Quereinsteiger den ehemaligen Manager (XXXLutz) und Winzer Johann Georg »Hans Jörg« Schelling.

Das verschafft Mitterlehner selbst Spielraum, sich als großkoalitionären Brückenbauer darzustellen: Mit seinem Gegenüber Faymann pflegt der Mühlviertler ein joviales Verhältnis, auf dem schwarzen Parteitag, bei dem er im November 2014 mit 99,1 Prozent der Delegiertenstimmen als ÖVP-Chef bestätigt wird, sieht er – vielleicht fast schon eine Spur zu betont – von Attacken auf den Koalitionspartner ab: »Ich mache niemanden lächerlich, das wäre ja ein leichtes auf einem Parteitag. Andere bauen vielleicht auf Lacher gegen die Gegner. Das ist mir zu billig«, sagt er danach in einem Interview.

In der Sache lässt Mitterlehner Schelling und sein Team im Finanzministerium – die Zügel führt hier noch immer Thomas Schmid, der auch nach Spindeleggers Abgang Kabinettschef geblieben ist – einen ÖVP-Entwurf für eine Steuerreform erarbeiten. Schnell ist vergessen, dass Spindelegger den Ruf nach Steuersenkungen vor Kurzem noch als Träumerei abgetan und Parteifreunde, die darauf einstiegen, als Populisten gebrandmarkt hatte.

Anfang Dezember 2014 legt Schelling das Papier vor, das sich von jenem der SPÖ nur in Details unterscheidet: Die Einkommensteuer soll in niedrigen Steuerstufen gesenkt, ein »Kinderfreibetrag« für Familien eingeführt, Ausnahmen abgeschafft werden. Uneins ist die Koalition über die genauen Zahlen und die Finanzierung der Erleichterung – ob neue Steuern eingehoben (die SPÖ-Variante) oder doch lieber mehr in der Verwaltung und bei Förderungen gekürzt werden soll (der ÖVP-Vorschlag), bleibt umstritten.

Ab diesem Zeitpunkt ist im Wesentlichen klar, dass in der einen oder anderen Form eine Steuerreform kommen wird, die mehrere Milliarden Euro umfasst – obwohl der Bund 2015 bei einem Budget von 87 Milliarden Euro noch immer drei Milliarden Euro mehr ausgeben wird, als er einnimmt. Es wird bis Juni dauern, bis sich die Koalition auf die – selbst ernannte – »größte Steuerreform aller Zeiten« einigt. Bis dahin inszenieren SPÖ und ÖVP ihre abweichenden Positionen in mehreren Verhandlungsrunden, vor und nach denen sie ihre Differenzen offen, aber kontrolliert kommunizieren.

In dieser Zeit – von Spindeleggers Rücktritt Mitte 2014 bis zum Sommer 2015 – erholen sich die Umfragewerte der Großen Koalition, besonders jene der ÖVP: Über Monate liegen die drei größeren Parteien, Faymanns Sozialdemokraten, Mitterlehners Volkspartei und Straches oppositionelle Freiheitliche, in Umfragen praktisch gleichauf. Ende 2014 liegt die ÖVP für einige Wochen sogar zum ersten Mal seit 2010 an erster Stelle in Umfragen – und Mitterlehner sticht Faymann in der Kanzlerfrage aus. Ein Trend, der – nach Mitterlehners Studentenverbindungs-Codename – als »Django-Effekt« in die Politgeschichte eingeht.

Er sollte nicht anhalten.

DER DOSKOZIL-MARSCH

2015 sollte ein Krisenjahr ungeahnten Ausmaßes werden – und seine Folgen sollten Faymann, Mitterlehner und die Große Koalition politisch allesamt nicht überleben. Aber bevor wir dazu kommen, schauen wir uns noch ein Detail aus dem Maschinenraum dieser rot-schwarzen Zusammenarbeit an. Ein Detail, das viel darüber aussagt, wie diese Zusammenarbeit funktioniert hat – beziehungsweise: wie sie nicht mehr funktioniert hat. Und auch darüber, welchen sicherheitspolitischen Tiefschlaf die Republik nach fast zwei Jahrzehnten gefühlten Friedens in Europa genossen hat.

Der Steirer Gerald Klug war von Anfang an in keiner besonders beneidenswerten Position. Und zwar gleich aus mehreren Gründen. Der Jurist, Gewerkschafter und Arbeiterkämmerer (und damit, natürlich, Sozialdemokrat) war erst kurz vor Ende der vorhergegangenen Legislaturperiode in die Bundesregierung gekommen. Faymann hatte damals den im Amt ohnehin glücklosen Verteidigungsminister Norbert Darabos als Vollzeit-Wahlkampfmanager für die schwächelnde Bundespartei gebraucht. Für diesen war es ein eleganter Weg, sich aus dem Amt zu verabschieden, nachdem sich Anfang 2013 eine klare Mehrheit der Österreicher – fast 60 Prozent – in einer Volksbefragung entgegen seiner und der SPÖ-Linie dafür ausgesprochen hatte, die Wehrpflicht beizubehalten.

Wenige Wochen nach seinem Antritt befahl Klug den Abzug der österreichischen Soldaten von der UN-Mission am Golan im israelisch-syrischen Grenzgebiet, nachdem es dort zu Angriffen syrischer Rebellen gekommen war. Die Vereinten Nationen wurden vom raschen Abzug der Österreicher nach 39 Jahren überrascht – Klug zog das trotzdem durch.

Weit unangenehmer war aber die Doppelmühle, in der der Steirer sich bezüglich der Zukunft des Bundesheers zu Hause fand. Ehemalige Offiziere und Wehrexperten aller Lager konstatierten, dass das Bundesheer unter den aktuellen Umständen – veraltetes Material, überaltertes Personal, auf mittlerweile sechs Monate verkürzter Wehrdienst und keine Milizübungen mehr – nicht in der Lage sei, seine verfassungsmäßigen Aufgaben wahrzunehmen.

Und, wahrscheinlich der schwierigste Faktor: Dem Heer fehlte an allen Ecken und Enden Geld. Hatte die Republik Ende der 1980er noch mehr als ein Prozent des Bruttoinlandsproduktes für die Landesverteidigung ausgegeben, sind es 2013 nur noch 0,6 Prozent – Tendenz sinkend, denn zwischen dem Sparkurs und den für die geplante rot-schwarze Steuerreform nötigen Milliarden stellt sich die Koalition darauf ein, in den folgenden Jahren noch weniger Geld für das Heer in die Hand zu nehmen. Bis 2018 solle das Verteidigungsministerium 200 Millionen Euro pro Jahr einsparen, so die Vorgabe.

Klug bekommt die Aufgabe, all diese Faktoren auf einen Nenner zu bringen. Im Oktober 2014 legen er und sein Generalstab ein Konzept vor, wie sich das alles ausgehen soll: Das Heerespersonal soll in den folgenden Jahren deutlich verkleinert werden, schwere Waffen – Artillerie und Kampfpanzer – werden abgerüstet, Kasernenstandorte geschlossen und verkauft, Verbände zusammengelegt. »Schmerzhaft, aber der einzige Weg« sei das, sagt Klug bei der Präsentation seines Reformvorschlags.

Aus heutiger Sicht – zur Erinnerung: schon damals wird in der Ostukraine geschossen – mutet das Schauspiel, das sich in den folgenden Wochen und Monaten entspinnt, bizarr an: Die großen Debatten rund um diese Heeresreform drehen sich nicht um Panzer und Artillerie, die auf ein Minimum reduziert werden sollen – und schon gar nicht darum, ob und wozu man ein Milizheer haben sollte, wenn man keine verpflichtenden Milizübungen abhält. Nein, die demonstrativen Knackpunkte der Verhandlungen zwischen SPÖ und ÖVP sind fast ausschließlich symbolischer Natur. Es geht um Kasernen und vor allem: um die Militärmusik.

386 Mann stark sind die Militärmusikeinheiten des Heeres zu diesem Zeitpunkt, eine davon gibt es in jedem Bundesland – »das ist zu groß für unsere Armee«, sagt Klug. Knapp unter zehn Millionen Euro will er einsparen, indem statt neun nur noch vier Musikstandorte erhalten bleiben: in Wien, Innsbruck, Klagenfurt und Linz.

Auf Seite der ÖVP führt Johanna Mikl-Leitner die Verhandlungen. In der rot-schwarzen Logik hat jeder Minister einen »Spiegel« aus der anderen Partei, mit dem (bzw. mit dessen Mitarbeitern) er sich inhaltlich abstimmt – für Klugs Verteidigungsministerium ist das Mikl-Leitners Innenministerium. Diese Gespräche zwischen dem Steirer und der Niederösterreicherin stoßen bald an natürliche Grenzen: Die Landeshauptmänner sorgen sich um ihre Kasernenstandorte – besonders in abgelegenen Regionen wichtige Wirtschaftsfaktoren – und, natürlich, um die Militärmusik.

Besonders in den Ländern, in denen es künftig keine mehr geben soll, mobilisieren da schon die lokalen Blasmusikverbände gegen die Heeresreform: Eine »Kaderschmiede« sei die Militärmusik, die Musiker untereinander vernetze und im Rahmen des Wehrdienstes für Führungsaufgaben in den heimatlichen Musikkapellen vorbereite, so das Wording, das bald von den schwarzen Ländervertretern übernommen wird. »Der kulturelle Schaden und der Imageverlust stehen in keinem Zusammenhang mit dem Nutzen durch die Einsparungen«, kritisiert etwa Salzburgs Landeshauptmann Wilfried Haslauer.

Die Einigung wird schließlich zur Chefsache: Knapp vor Weihnachten, am 23. Dezember (traditionell ein Tag, an dem Regierungen ungeliebte Reformen präsentieren), stellen Klug, Mikl-Leitner, Faymann und Mitterlehner die überarbeitete Heeresreform vor. In Niederösterreich und Salzburg nimmt Klug von der Schließung zweier Kasernen (Horn und Tamsweg) Abstand. Und die Militärmusik behält nun doch neun Standorte, allerdings personell ausgedünnt: Statt 47 Musikern pro Land sollen sie künftig nur noch mit 20 auskommen. Im Gegenzug öffnet Finanzminister Schelling, der gerade an der Finanzierung seiner Steuerreform tüftelt, langfristig den Steuertopf für das Heer ein bisschen weiter: Ab 2016 soll es Sonderfinanzierungen für die Beschaffung neuer Ausrüstung und Projekte geben.

Das könnte das Ende der Geschichte sein – aber wie die kommenden Monate zeigen sollten, hat sich die Große Koalition noch nicht mit der verkleinerten Militärmusik abgefunden.

Schon im Frühling ist die koalitionäre Eintracht von Weihnachten vergessen. Nachdem der niederösterreichische Militärkommandant im ORF-Radio erklärt hatte, dass das Repertoire der Militärmusik unter der Kürzung natürlich leiden werde – »eingeschränkt spielfähig« werde sie sein – stellt der schwarze Wehrsprecher im Nationalrat, Bernd Schönegger, die Reduktion in Frage: Die Musik sei wehrpolitisch nicht das Wichtigste,

»aber sie ist ein starkes Bindeglied zwischen Gesellschaft und Bundesheer«, so Schönegger in einem Interview – die Summen, um die es gehe, seien »nachgerade lächerlich«.

Nur noch bizarr kommt es dann im Mai 2015: An einem strahlend schönen Dienstagvormittag versammeln sich mehrere Hundert »Militärmusikfreunde« samt Instrumenten am Ballhausplatz, um gegen die Einsparungen zu protestieren. Das an sich wäre nicht ungewöhnlich – aber dass sich mehrere Regierungspolitiker mit den Demonstranten in die Reihe stellen, um gegen die Einigung ihrer eigenen Regierung einzutreten, ist doch ein ziemliches Unikum. Justizminister Wolfgang Brandstetter (ÖVP) etwa erklärt: »Ich fühle mich innerlich dazu verpflichtet, meine Stimme zu erheben.« Er versuche Klug (SPÖ) seit Wochen zu überzeugen, die Einsparungen noch einmal zu überdenken, so Brandstetter zu der Einigung, die Kanzler, Vizekanzler, Verteidigungsminister und Innenminister wenige Wochen davor präsentiert hatten. Mikl-Leitner selbst schaut bei der Protestaktion vorbei – »vielleicht wäre es gescheit, wenn man ein Gespräch führt«, wie auch der neue Wirtschaftsstaatssekretär Harald Mahrer und mehrere ÖVP-Landespolitiker.

Die Reform kommt schließlich, bleibt aber nicht lange: Bei der Umbildung der SPÖ-Regierungsmannschaft Anfang 2016 wechselt Klug ins Infrastrukturministerium. Sein Nachfolger Hans Peter Doskozil – ein Parteifreund! – entscheidet sich nach Gesprächen mit den Landeshauptmännern schnell, das Militärmusik-Kriegsbeil zu begraben. Nach einem publikumswirksamen Auftritt mit dem Chef einer eingesetzten Expertentruppe zur Zukunft der Militärmusik, Ex-Philharmoniker-Vorstand Clemens Hellsberg, macht Doskozil die Einsparung nicht nur rückgängig: Schon im April 2017 hat die Militärmusik Österreichs 406 Musiker – mehr als vor Klugs Reformplänen.

»Die Militärmusik mit einem Federstrich aus den Geschichtsbüchern zu verbannen, ist für mich nicht denkbar«, sagt der Minister bei einem Medientermin mit Musikern in Salzburg; »Es soll in Zukunft niemand mehr an der Institution rütteln.« Zum Dank spielen die Musiker der Militärmusik Salzburg im Anschluss einen eigens komponierten »Hans-Peter-Doskozil-Marsch«.

WAS WIR VOM SCHICKSAL DER VORKRISEN-GROKO LERNEN KÖNNEN

→ Bloße »Vernunftehen« – Koalitionen aus Mangel an Alternativen, die kein ambitioniertes Programm vorlegen können – sind ein Rezept für den Untergang in der Wählergunst. Im Nachhinein wäre es besser gewesen, die Parteien hätten einander damals entweder harte, ambitionierte Akzente gegönnt – oder wären gleich noch einmal vor die Wähler getreten.

→ Unkoordinierter öffentlicher Streit unter Parteifreunden und Koalitionspartnern zermürbt die Zusammenarbeit und verhindert Kompromisse. Sobald etwas in einem gemeinsamen Programm verankert ist, sollten alle an einem Strang ziehen und darauf hinarbeiten.

→ Wenn sich eine Koalition auf eine Reform einigt, sollte sie sicherstellen, dass alle Beteiligten mit an Bord sind – sonst wird sie schnell rückabgewickelt (siehe Heeresmusik), und viel Aufwand ist für nichts gemacht worden.

KAPITEL 2

DIE MIGRATIONSKRISE

→ Wie die Nachbarschaft der EU langsam im Chaos versank und Europa von Migrationswellen überrascht wurde.

→ Wie die Dublin- und Schengen-Systeme angesichts der Massenmigration zu totem Recht wurden.

→ Wie die Große Koalition zwischen Merkel und Orban zum bloßen Passagier der Entwicklungen wurde.

→ Wer in der Krise gute Figur machte – und so den Grundstein für spätere Erfolge legte.

Wir haben ja schon einmal das berühmte Hemingway-Zitat aus seinem ersten Roman *The Sun Also Rises* erwähnt: »›How did you go bankrupt?‹ Bill asked. ›Two ways,‹ Mike said. ›Gradually, then suddenly.‹« (»Wie bist du bankrottgegangen?«, fragte Bill. »Auf zwei Arten«, sagte Mike. »Allmählich, und dann plötzlich.«)

Behalten wir es im Hinterkopf, denn auch politische Krisen manifestieren sich in den seltensten Fällen aus heiterem Himmel, sondern aus langfristigen Entwicklungen, die im Hintergrund dahinplätschern und die die Politik so lange ignoriert, bis sie ein scheinbar plötzlicher Aufprall zum Handeln zwingt.

So ist es auch mit der Migrationskrise*, die Österreich dann ein gutes Jahr lang in ihrem Bann halten und die politische Landschaft der Republik nachhaltig verformen sollte: Sie hat nicht erst 2015 und 2016 begonnen, als auf einmal – »suddenly« – Hunderttausende Migranten an Österreichs Grenzen stehen und die Behörden monatelang nur noch Passagiere europaweiter Entwicklungen sind.

---

* Weil gerade bei emotionalen Themen auch die Sprache politisch ist, eine kurze Erklärung: Für das, was Österreich 2015 und 2016 erlebt hat, gibt es unterschiedliche Formulierungen – »Flüchtlingskrise«, »Migrationswelle«, »Asylkrise« oder auch weit unsachlichere Begriffe wie »Migrantenansturm« und ähnliche Bezeichnungen. Sehr oft sagt schon allein die Entscheidung, welchen Begriff jemand verwendet, viel darüber aus, wie er die Situation in diesen beiden Jahren politisch einschätzt. Ich habe mich für den Begriff »Migrationskrise« entschieden. Eine »Krise« war es, weil die Zahl der Migrantinnen und Migranten die staatlichen Systeme überfordert hat. Und »Migranten« scheint mir ein neutralerer Begriff als »Flüchtlinge«, »Hilfesuchende« oder »Refugees«, bei denen jeweils eine klare rechtliche und / oder moralische Bewertung mitschwingt.

Dabei sind die ersten Jahre des vergangenen Jahrzehnts in Sachen Asyl so etwas wie eine Atempause. 2010 suchen nur knapp über 11 000 Menschen in Österreich um Asyl an, es ist der niedrigste Stand seit Mitte der 1990er-Jahre. Der Andrang aus den von den Post-9/11-Kriegen gezeichneten Staaten Irak und Afghanistan sowie aus Russland, wo gerade erst der zweite Tschetschenienkrieg zu Ende gegangen ist, ist deutlich gesunken, in der ganzen EU stagniert die Zahl der Asylanträge auf einem langfristig gesehen niedrigen Stand von knapp 260 000 pro Jahr.

Aber schon im folgenden Jahr zeichnet sich ab, dass das nicht so bleiben wird: Die euphemistisch als »Arabischer Frühling« betitelte Welle von Aufständen destabilisiert eine ganze Reihe von Nachbarstaaten Europas. In Libyen etwa stürzt 2011 Diktator Muammar al-Gaddafi, seither kann sich in dem nordafrikanischen Flächenstaat keine durchsetzungsfähige Regierung mehr etablieren. In Tunesien flieht der korrupte Diktator Ben Ali, in der Folge wird der Sicherheitsapparat in dem Land für Monate handlungsunfähig – besonders was Grenzkontrollen angeht. In Syrien kann sich Machthaber Baschar al-Assad zwar mit russischer Unterstützung halten, das Land versinkt aber in einem blutigen Bürgerkrieg.

Schon 2011 steigen angesichts dieser Entwicklungen die Ankunftszahlen irregulärer Migranten in Europa. Als erstes schlagen Italien und Griechenland Alarm, die ihrer Küstenlage wegen zum Ziel Zehntausender Migranten werden, die sich auf den gefährlichen Weg mit Booten über das Mittelmeer machen. Anfang April ersucht Silvio Berlusconis Innenminister Roberto Maroni angesichts 23 000 Ankünften aus Nordafrika die EU um Hilfe, etwa durch die solidarische Verteilung der Migranten auf alle Mitgliedstaaten.

Die Union verweigert das – auch unter österreichischem Applaus. Innenministerin Maria Fekter (ÖVP) erklärt unisono mit ihrem deutschen Pendant Hans-Peter Friedrich, Italien sei nicht überfordert. Stattdessen kritisiert Fekter die italienische Ankündigung, die Migranten mit Schengen-Visa auszustatten, die ihnen erlauben würden, in der Union herumzureisen: Sie befürchtet »einen neuen Weg der illegalen Migration«.

In dieser Konfrontation 2011 zeigen sich bereits die groben Züge dessen, was in den folgenden Jahren zum Grundrauschen des Migrationsthemas wird: Erstens, dass das »Dublin«-System, das die Verantwortung für Asylwerber bei jenen Staaten sieht, in denen sie in die Union einreisen, angesichts massenhafter Migration untauglich ist. Zweitens, dass die Regierungen anderer Mitgliedstaaten – selbst meistens unter Druck migrationskritischer Parteien – nur langsam bereit sind, die Aufnahmelast zu teilen. Und drittens, dass das Schengen-System, das innerhalb weiter Teile Europas das Reisen ohne Grenzkontrollen vorsieht, mit den beiden ersten Punkten nur schwer haltbar sein wird.

Zusätzlich kompliziert wird die Lage noch dadurch, dass in der Folge zuerst der Europäische Gerichtshof für Menschenrechte, dann auch noch der Europäische Gerichtshof feststellen, dass der zweite große Ankunftsstaat Griechenland – vor allem für syrische Migranten, die über die See- oder Landgrenze aus der Türkei hier ankommen – im Windschatten seiner Staatsfinanzkrise und der darauffolgenden politischen Verwerfungen kein funktionales Asylsystem mehr hat und daher für Abschiebungen (bzw. Dublin-Rückführungen) nicht mehr infrage kommt.

Das ist die europäische Kulisse vor 2015. Aber auch innerhalb Österreichs ist der Migrations- und Asyldiskurs in dieser Zeit nicht von Einigkeit und breiter Solidarität getragen. Seit 2008 steigt die FPÖ unter Heinz-Christian Strache, die das Thema Asyl immer wieder thematisiert und beispielsweise die in der Kriminalstatistik überrepräsentierten Asylwerber anprangert, stetig in den Umfragen – ab 2013 zieht sie mit den Koalitionsparteien gleich bzw. überholt sie sogar. Trotz dieses blauen Aufstiegs vertritt die rot-schwarze Regierung damals eine grundsätzlich migrationsfreundliche Haltung. Anfang 2013 warnt die Statistik Austria anlässlich einer Langfrist-Prognose der Staatsfinanzen, Österreich werde pro Jahr an die 40 000 Menschen Netto-Immigration brauchen, um das Arbeitskräftepotenzial und damit Wohlstand und Sozialstaat aufrechtzuerhalten. Das wäre angesichts der sinkenden Geburtenrate in den klassischen Herkunftsländern bisheriger Einwanderer nach Österreich – Deutschland, Ex-Jugoslawien, Osteuropa – wohl »nur schwer zu erreichen«, sagen die Experten. Vor diesem Hintergrund versucht sich die Regierung einwandererfreundlich zu zeigen – 2013 beschließt die Große Koalition unter Ägide von Sozialminister Rudolf Hundstorfer (SPÖ) und Integrationsstaatssekretär Sebastian Kurz (ÖVP) etwa eine Lockerung des Staatsbürgerrechts, die es Migranten unter bestimmten Bedingungen nun schon nach nur sechs Jahren ermöglicht, Österreicher zu werden.

Im Asylwesen liegt dagegen einiges im Argen. So wie eine EU-weite Regelung zur Aufteilung von Asylsuchenden im Großen scheitert, ist es auch im Kleinen: Formal gibt es eine Quotenvereinbarung zwischen dem Bund und den neun Ländern, welches Bundesland für die Unterbringung und Versorgung wie vieler Asylwerber zuständig ist. Diese »15a-Vereinbarung« – ein Staatsvertrag innerhalb der Republik – ist aber zahnlos, Konsequenzen hat eine Nichterfüllung der Quoten nicht.

Die Folge ist eine Art politischer Theaterzyklus: Wenn die Bundesaufnahmestellen überlastet sind – allen voran das

Lager in Traiskirchen –, schlägt die Lokalpolitik (meist in Gestalt des niederösterreichischen ÖVP-Landeshauptmanns Erwin Pröll, später bringt sich auch der 2013 neu gewählte Bürgermeister Andreas Babler von der SPÖ ein) lautstark Alarm. Dann muss die Innenministerin (zuerst Maria Fekter, später Johanna Mikl-Leitner) unter Druck Quartiere suchen, um das Lager zu entlasten. Weil sich Gemeinden um solche Asylquartiere nicht reißen und in vielen Fällen querlegen, dreht sich die Diskussion immer wieder um die Nutzung von Kasernen, Kirchen und anderen Institutionen.

Ein Prozess, der immer wieder nur holprig funktioniert – und viel politische Reibung verursacht. Angestachelt von linken Aktivisten, protestiert eine Gruppe von Asylwerbern etwa gegen die Behandlung in Österreich, gegen drohende Abschiebung und für mehr Rechte wie Arbeitsmarktzugang und Mindestsicherung, indem sie zeitweise die Votivkirche besetzen und in Hungerstreik treten.

All diese Konflikte – zu einer Zeit, in der vergleichsweise wirklich wenige Asylwerber nach Österreich kommen – tragen dazu bei, dass Asylfragen im politischen Alltag dauerpräsent sind und sehr kontrovers diskutiert werden. Eine »Unruhe vor dem Sturm«, sozusagen.

TOTE IM MEER

2014 verschärft sich die Lage in Europas erweiterter Nachbarschaft noch einmal. In Syrien, wo (mit Unterstützung des Irans, Russlands und der USA) seit Jahren der Bürgerkrieg tobt, und im Irak erobert eine Terrormiliz unter dem Namen »Islamischer Staat« weite Landstriche und ganze Städte, Millionen Menschen fliehen. In Afghanistan endet die UN-autorisierte NATO-Mission

ISAF, obwohl die Regierung in Kabul nicht in der Lage ist, die Sicherheit im Land zu gewährleisten – in Teilen des Landes beginnt ein neuerlicher Vormarsch der Taliban und anderer Milizen. In der Ostukraine eskaliert die russische Aggression unter dem Vorwand lokaler Separatistenaufstände zu einem neuen Krieg in Europa. Libyen hat weiter keine zentrale Autorität und wird zum Fluchtweg für Zehntausende Afrikaner, die vor den Bürgerkriegen in Subsahara-Staaten wie dem Sudan, Somalia oder Nigeria fliehen.

Gleichzeitig warnen Hilfsorganisationen der Vereinten Nationen, dass ihnen wegen Kürzungen bzw. ausstehender Zahlungen reicherer Mitgliedstaaten das Geld ausgehe, um auf diese Fluchtbewegungen adäquat zu reagieren: So kündigt das Welternährungsprogramm WFP im Herbst 2014 an, die Rationen für syrische Kriegsflüchtlinge zu kürzen oder ganz zu streichen, die in Nachbarstaaten wie der Türkei und dem Libanon untergebracht sind.

Dazu kommt noch ein weiterer Faktor: Dank der fortgeschrittenen Digitalisierung – vor allem durch Smartphones – sind Emigranten inzwischen zum ersten Mal in der Geschichte praktisch in Echtzeit mit den Menschen aus ihren Herkunftsländern vernetzt. Sie können ihre Erfahrungen in den Aufnahmestaaten in Wort und Bild weitergeben, Kontakte zu Behörden, NGOs, aber auch zu kriminellen Schlepperorganisationen vermitteln.

In Summe ergeben diese Entwicklungen den Nährboden für die Migrationskrise 2015/16: Hunderttausende machen sich aus Krisenherden und miserablen Flüchtlingslagern auf den Weg Richtung Europa. Allein in diesen beiden Jahren sind es mehr als 2,5 Millionen Menschen, die in den EU-Mitgliedstaaten ankommen und Asyl beantragen.

In Österreich macht sich das in der ersten Jahreshälfte 2015 auf mehreren Ebenen bemerkbar. Nach einem moderaten

Anstieg der Asylzahlen im Jahr davor – nach 17 500 Anträgen 2013 hatten 2014 rund 28 000 Menschen in Österreich um Schutz angesucht; zum ersten Mal führen Flüchtlinge aus Syrien mit knapp unter 8000 Anträgen vor rund 5000 aus Afghanistan die Statistik an – bemerken die Behörden rasch, dass bereits im Frühjahr die Zahlen weit über den bisher gewohnten liegen. Im Jänner 2015 vermerkt das Innenministerium 171 Prozent mehr Anträge als 2014, im Februar 166 Prozent, so geht es weiter. Die Fachabteilungen des Ministeriums rechnen Anfang April mit rund 40 000 Asylanträgen für das Jahr 2015 – tatsächlich werden es am Schluss zweieinhalbmal so viele sein.

In den nationalen Nachrichten des Frühjahrs – die Koalition diskutiert lang und intensiv über die Steuerreform, die rote Hochburg Wien bereitet sich auf die Gemeinderatswahl im Herbst vor, die Heinz-Christian Strache im Umfragehoch zum »Duell« mit Bürgermeister Michael Häupl inszeniert – mehren sich die Berichte über Aufgriffe von Asylmigranten in, durch und nach Österreich: Fast schon regelmäßig werden in Tiroler Zügen Dutzende afrikanische Migranten am Weg nach Deutschland abgepasst und im Sinne des Dublin-Systems nach Italien zurückgebracht. Im Hinterland der Grenzen zu Italien, Slowenien und Ungarn – sie selbst werden im Zuge des Schengen-Systems nicht direkt überwacht – fliegen Schlepper auf, die Migranten im Ladebereich von Lastautos verstecken.

Eine andere Ebene sind die Nachrichten – regierungsinterne wie in Massenmedien – von den Fluchtrouten im Mittelmeer, besonders vor den Küsten Italiens und in der Ägäis. Mit der Zahl der Überfahrten mehren sich auch die tödlichen Bootsunglücke. Schon im Oktober 2013 kommen beim Kentern zweier Schiffe zwischen Libyen und der italienischen Insel Lampedusa – eine Strecke von ca. 300 Kilometern übers offene

Meer – mehr als 500 Menschen ums Leben. Trotz Gegenmaßnahmen wie der italienischen Marinemission »Mare Nostrum«, dem Frontex-Projekt »Triton« und privaten Rettungsinitiativen steigt die Zahl der Toten in den folgenden Jahren aber weiter: An die 4000 Menschen sollen 2015 auf dem Weg nach Europa ertrunken sein, schätzt die Internationale Organisation für Migration.

Das bis dato schlimmste dokumentierte Einzelunglück ereignet sich in der Nacht von 18. auf 19. April 2015 – schon in den Wochen davor waren Hunderte Menschen zu Tode gekommen. Bei der Kollision eines libyschen Fischkutters in Seenot – laut Berichten waren 950 Menschen an Bord – mit einem Frachtschiff, das zu seiner Rettung unterwegs war, ertrinken bis zu 800 Menschen, wie es in den damaligen Berichten heißt (ein Jahr später, nachdem das Wrack gefunden worden ist, wird die italienische Küstenwache die Zahl der Opfer auf rund 500 herunterkorrigieren).

Die Nachrichten lassen in Österreich niemanden kalt. Hilfsorganisationen – Caritas, Diakonie, Volkshilfe und andere – organisieren am Tag nach dem Unglück eine Mahnwache bei der Minoritenkirche im Wiener Regierungsbezirk, vis-à-vis von Innen- und Außenministerium, neben Tausenden Teilnehmern bekundet auch die Spitzenpolitik Anteilnahme. Kanzler und SPÖ-Chef Werner Faymann ist mit SPÖ-Klubobmann Andreas Schieder und Nationalratspräsidentin Doris Bures gekommen, von der ÖVP sind Familienministerin Sophie Karmasin und Landwirtschaftsminister Andrä Rupprechter da, außerdem die Parteichefs von Grünen und Neos, Eva Glawischnig und Matthias Strolz.

Bundespräsident Heinz Fischer sagt bei der Gedenkveranstaltung, die europäische Migrationspolitik könne nicht so weitergehen: »Den Leidensdruck dieser Menschen kann man sich am besten vorstellen, wenn man sich überlegt, was wäre, wenn das die eigene Mutter, Tochter, der eigene Vater oder Sohn ist. Dann verwandelt sich eine Zahl in ein Gesicht und einen Menschen.« Caritas-Präsident Michael Landau spricht von einer »Schande für Europa«: »Wir stehen vor der Frage, ob wir in einem Europa leben wollen, das vor seinen Toren einen Friedhof hat.«

In der Union macht sich Österreich in diesen Tagen für zwei Initiativen stark: Einerseits soll ein neues System für die Verteilung von Asylwerbern in den Mitgliedstaaten eingerichtet werden. Mikl-Leitner und Kurz schwebt dabei unter dem Titel »Save Lives« vor, dass das UNHCR potenzielle Migranten schon in den Herkunftsstaaten »vorsortiert«, bevor sie nach Europa geholt und hier verteilt werden – der Weg soll nur jenen offenstehen, die tatsächlich Chancen auf Asyl hätten. »Es sind schon viel zu viele Menschen gestorben«, sagt Kurz – man müsse »aber auch einmal klar sagen, dass wir diese Flüchtlingsdramen weder in Europa noch im Mittelmeer lösen werden können. Es braucht ein Engagement vor Ort, in den Herkunfts- und in den Transitländern.« Wichtig sei dabei aber, dass bei einer »fairen Verteilung« Österreich weniger Migranten als bisher aufnehmen würde, ergänzt Mikl-Leitner – weil man in den vergangenen Jahren schon viel getan habe.

Die Union, so viel sei verraten, wird auch in den Folgemonaten nicht mehr als ein »Pilotprojekt« zur Umverteilung von gerade einmal 20 000 Migranten hinbekommen, zu unterschiedlich sind die Interessen der Mitgliedstaaten. Man einigt sich auf eine Folgemission zur Seerettung – aber das ist bis auf Weiteres alles. Für einen ist das besonders frustrierend: In einem ORF-Interview im Sommer 2015 erklärt Sebastian Kurz, in Afrika gäbe es »unzählige Menschen, die lieber in Europa leben würden« – und die Bevölkerung Afrikas steige massiv. Wenn es in Europa weiter keine Solidarität im Umgang mit dem Migrantenstrom gebe, müsse sich Österreich Gedanken darüber machen, warum es attraktiver sei als andere Länder.

ZELTE, KRONE, DURCHGRIFF

Im Frühling und Frühsommer 2015 eskaliert die Migrationslage weiter und wird zum alles dominierenden Thema. Die Steuerreform, auf die sich SPÖ und ÖVP Ende Mai nach lang inszenierten Verhandlungen wenige Tage vor den Landtagswahlen in der Steiermark und im Burgenland schließlich einigen – aus Sicht beider Parteien ein Kraftakt und harter Kompromiss –, geht in der öffentlichen Wahrnehmung fast völlig unter. Denn dem Innenministerium sind inzwischen buchstäblich die Unterkünfte ausgegangen, um die weiter steigende Zahl an Asylwerbern einigermaßen adäquat unterzubringen.

Im Mai stellen pro Tag im Schnitt mehr als 200 Menschen einen Asylantrag in Österreich, eine Steigerung um 259 Prozent gegenüber 2014. Zu Pfingsten entschließt sich Mikl-Leitner, die bei Ländern und Gemeinden mit ihrem Wunsch nach mehr Unterkünften auf Granit beißt, zu einem ersten Verzweiflungsakt und lässt in Traiskirchen und auf anderen Liegenschaften des Ministeriums Zeltstädte errichten – zum Entsetzen Bablers und anderer betroffener Bürgermeister. Verteidigungsminister Gerald Klug bietet abermals Kasernen als Notunterkünfte an, die Hoteliersvereinigung folgt dem Vorbild von Neos-Mandatar Josef Schellhorn und öffnet leerstehende Häuser für Migranten – wogegen wiederum Regionalpolitiker öffentlich mobil machen.

Die Landtagswahlen geraten zum Desaster für die große Koalition – obwohl ÖVP und SPÖ jeweils knapp die stärksten Parteien bleiben, geht sowohl in der Steiermark als auch im Burgenland die FPÖ als klarer Sieger hervor. Meinungsforscher sehen das Asylthema als Hauptmotiv für ihren Erfolg. Im Burgenland bildet der rote Landeshauptmann Hans Niessl eine Koalition mit den Freiheitlichen und bricht damit die »Vranitzky-Doktrin«, die eine Zusammenarbeit mit der FPÖ eigentlich ausgeschlossen hat.

Nach diesem Schock versucht die Regierung im Angesicht der Krise noch einmal Einigkeit zu demonstrieren: Mit Rückendeckung von Faymann, dem die Bilder von Zeltstädten zuwider sind, und Mitterlehner – man sei mit einer Situation konfrontiert, »die mit dem Regelwerk, wie wir es haben, und mit der Einstellung in den Bundesländern nicht beherrschbar scheint« – stellt Mikl-Leitner, deren Experten mittlerweile bis zu 70 000 Asylwerber in diesem Jahr erwarten, den Ländern ein Ultimatum: Sollten bis Mitte Juni nicht ausreichend Quartiere für die Sommermonate vorbereitet sein, werde das Innenministerium eben selbst welche schaffen.

Das Ultimatum verstreicht, die Quartiere gibt es nicht, Faymann macht die Unterkunftsfrage zur Chefsache – und scheitert damit fulminant. Ein Asyl-Gipfel von Regierung und Ländern im Kanzleramt Ende Juni endet in wechselseitigen Schuldzuweisungen: Die SPÖ beschuldigt die ÖVP-Ländervertreter, Faymanns Idee von bezirksweisen verbindlichen Quoten für Migranten ohne Alternativvorschlag abgelehnt zu haben; die ÖVP-Vertreter geben sich verstimmt, weil das medienaffine Kanzlerteam eine zu dem Zeitpunkt noch nicht existente Lösung bereits in der *Krone*-Abendausgabe ventiliert habe.

Wochenlang versinkt die Koalition in gegenseitigen Schuldzuweisungen. Der Juli kommt und geht, die Zeltstädte wachsen und wachsen, das Lager Traiskirchen, wo rund 2200 Betten zur Verfügung stehen, beherbergt Ende Juli rund 4000 Menschen. Das Innenministerium erinnere »nahezu an professionelle Inkompetenz«, erklärt SPÖ-Mandatar Hannes Jarolim, ÖVP-Generalsekretär Gernot Blümel fordert ein »Ende der dauernden Anschüttereien«, mehrere Umfragen sehen die FPÖ mittlerweile österreichweit bei 30 Prozent, die Koalitionsparteien gleichauf bei jeweils 23.

Die Koalition rauft sich noch einmal zusammen – und legt Anfang August eine auf ein Jahr befristete Notmaßnahme vor: Der Bund soll ein »Durchgriffsrecht« gegenüber Gemeinden bekommen, die Asylunterkünfte für weniger als 1,5 Prozent der Wohnbevölkerung zur Verfügung stellen. Dort kann das Innenministerium dann auch gegen den Willen der Gemeinde bestehende Gebäude zur Unterbringung nützen oder sogar Container aufstellen. Ein Kompromiss, den die meisten Länder – »ein schwerer Eingriff in die Verfassung, angesichts der Situation aber verständlich« – widerwillig mittragen, die Grünen besorgen der Koalition die nötige Verfassungsmehrheit.

Am 19. August besucht die Staatsspitze in demonstrativer Gemeinsamkeit das Flüchtlingslager in Traiskirchen: Faymann appelliert an die Länder, »es geht nur miteinander«, Mitterlehner erklärt, »mit gegenseitigen Schuldzuweisungen werden wir nichts erreichen«. Und Bundespräsident Heinz Fischer wendet sich an die Bevölkerung, an »jene vielen Menschen, die in Österreich jetzt mithelfen und das Problem von der richtigen Seite sehen«. Man werde sich in den nächsten Wochen und Monaten sehr anstrengen müssen.

Bis Ende Juli haben mehr als 37 000 Menschen in Österreich einen Asylantrag gestellt – und täglich kommen neue an. Fischer hat recht – zu dem Zeitpunkt ahnt er noch gar nicht, wie sehr.

Während Österreich verzweifelt um Quartiere ringt, hat sich die Hauptroute verschoben, über die die meisten Migranten nach Österreich kommen. Im Vergleich zu den Vorjahren ist es nicht der Weg übers zentrale Mittelmeer, der ein besonders starkes Wachstum verzeichnet, sondern die sogenannte »Balkanroute«: Migranten – der Großteil von ihnen ursprünglich aus Syrien, Afghanistan und dem Irak – reisen zunächst über die Türkei nach Griechenland ein, entweder über die kurze Landgrenze in Thrakien oder mit dem Boot über die Ägäis. Von dort geht es auf wechselnden Routen über den Landweg Richtung Mitteleuropa, wo die Zielländer vieler Asylsuchender liegen – zum Beispiel Deutschland, Dänemark oder Österreich.

Die Einreise in Griechenland hat – etwa gegenüber Italien – den Vorteil, dass das griechische Asylsystem schon seit Jahren so desolat ist, dass europäische Gerichte die Rückschiebung von Migranten dorthin ausgesetzt haben – das Dublin-System, demzufolge der erste Einreisestaat zuständig für einen Migranten ist, ist dort außer Kraft. Im Sommer 2015 führt der stärkste Ast der »Balkanroute« von Griechenland über Nordmazedonien und Serbien nach Ungarn. Von dort geht es – oft mithilfe von Schlepperbanden, denn die EU verpflichtet nun Ungarn als Außengrenzstaat, die Migranten zu registrieren und zu verwalten – weiter nach Österreich und Deutschland. Aber auch diese Route birgt Gefahren.

Am Morgen des 27. August findet ein Asfinag-Mitarbeiter bei Mäharbeiten an der A4 in der Nähe von Parndorf einen abgestellten Lkw mit ungarischem Kennzeichen. Die Fahrerkabine ist leer, aus der Ladefläche tropft eine übelriechende Flüssigkeit. Als die Polizei den Kühlwagen wenig später öffnet, bietet sich ihr ein Bild des Grauens: Dutzende aufgedunsene, verwesende Leichen.

Es wird den ganzen Tag dauern, bis die Behörden auch nur wissen, wie viele Menschen hier im Laderaum des Lkw mit einem Hühner-Emblem auf elendste Weise gestorben sind. 71 Menschen sind es, darunter acht Frauen und vier Kinder, die nahe der ungarisch-serbischen Grenze in das Fahrzeug geklettert und dann über Stunden in der Sommerhitze erstickt sind – Iraker, Afghanen, Syrer und Iraner. Jahre später werden die vier Haupttäter in Ungarn wegen Mordes zu lebenslanger Haft verurteilt; die Schlepperbande hatte für den Transport 1.600 Euro pro Person verlangt.

Es ist kaum vorstellbar, die Flüchtlingspolitik der folgenden Tage und Wochen ohne den Schock von Parndorf zu erklären. Ja, von den Toten im Mittelmeer hatte man gehört und gelesen (wenige Tage später werden auch diese Tragödien mit dem Foto der Leiche des zweijährigen Syrers Alan Kurdi, die an einem Strand nahe Bodrum angeschwemmt wurde, ein beklemmendes Bild bekommen, das Europa die tödlichen Folgen seiner Politik vor Augen führt). Aber die Unmittelbarkeit und schiere Brutalität, mit der Dutzende Menschen irgendwo auf Ungarns Autobahnen am Weg nach Österreich zu Tode gekommen sind, hat die Wahrnehmung der Migrationskrise entscheidend mitgeprägt.

Die erstickte Stimme des burgenländischen Polizeichefs Hans Peter Doskozil, als er bei einer Pressekonferenz Details zu der Tragödie preisgibt. Die Betroffenheit in Politik und Gesellschaft, quer durch alle politischen Lager, aus dem In- und Ausland, vom Papst abwärts. Mahnwachen und das Glockenläuten im ganzen Land zum Gedenken an die Toten: All das muss man mitdenken, wenn man die Ereignisse Revue passieren lässt, die zwischen Ungarn, Österreich und Deutschland folgen.

Und natürlich auch die Medienlandschaft, auf die das alles trifft: Die führenden Boulevardmedien Österreichs und Deutschlands, *Krone* und *Bild*, veröffentlichen ein Bild aus dem Inneren des Lkw. Die *Bild* ergänzt dazu einen flammenden Appell für eine asylfreundlichere Politik: »Will uns das Schicksal damit etwas sagen? Vielleicht: Hört auf, in Kommissionen zu debattieren und zu taktieren. Einigt Euch! Jetzt! Handelt! Der Tod, die Not, das Grauen klopfen an die Tür des Sitzungssaals – und an unser aller Türen. Täglich sterben Flüchtlinge im Mittelmeer. Und jetzt auch bei uns.«

Es ist eine Stimmung, die schon binnen weniger Tage epochale Folgen haben wird.

KONTROLLVERLUST

Auch wenn es hier primär um Österreich geht: Man kann die Migrationskrise unmöglich beschreiben, ohne zumindest kurz auf die Rolle Angela Merkels einzugehen. Die CDU-Politikerin ist 2015 bereits ein Jahrzehnt deutsche Kanzlerin und gilt quasi als die Schablone für dieses Amt: regelorientiert, unaufgeregt, sachlich-distanziert. Im Zuge der Euro- und Griechenlandkrise haben sie und die von ihr geführten Regierungen sich durch ihr Pochen auf die EU-Haushaltsregeln wenig Freunde gemacht, bis zu diesem Sommer gilt Deutschland als stärkster Verfechter der Dublin- und Schengen-Regeln. Es sind zwei völlig konträre Szenen im Sommer 2015, die ihr Bild in der Asylpolitik prägen sollten.

Mitte Juli tritt Merkel im Rahmen eines Bürgerdialogs an einer Schule in Rostock auf. Eine Schülerin, deren Familie vor Jahren aus dem Libanon nach Deutschland gekommen und nur noch unter Duldung im Land ist, fragt die Kanzlerin, warum sie in Angst vor Abschiebung leben müsse, wo sie doch studieren und arbeiten wolle wie ihre Klassenkameraden auch. Merkel gibt eine pragmatische, eine technische Antwort, dass eben nur jene Asyl bekommen können, die tatsächlich gute Gründe haben – und wer die nicht habe, müsse eben wieder gehen: »Wenn wir jetzt sagen, ihr könnt alle kommen – das können wir nicht schaffen.« Dem Mädchen kommen daraufhin die Tränen, Merkel versucht noch, eher ungeschickt, sie zu trösten: »Na komm, das hast du doch prima gemacht.« Das Video der Veranstaltung geht viral, Merkels Ruf als kalte Technokratin verdichtet sich.

Wenige Wochen später sollte sich dieses Bild wandeln: Am 31. August, kurz nachdem die Nachricht von den Toten von Parndorf um die Welt gegangen ist, stellt sich Merkel der deutschen Bundespressekonferenz. Sie spricht anlässlich des Unglücks über »katastrophale Zustände« und »unfassbare Gräuel«, die sich in Europa ereignen würden – »das geschieht alles, während wir hier in sehr geordneten Verhältnissen leben«. Und dann sagt sie, bezogen auf die 800 000 Asylwerber, mit deren Ankunft das deutsche Innenministerium in jenem Jahr rechnet, den Satz, mit dem sie in die Geschichte eingehen sollte: »Das Motiv, mit dem wir an diese Dinge herangehen, muss sein: Wir haben so vieles geschafft – wir schaffen das! Wir schaffen das, und dort, wo uns etwas im Wege steht, muss es überwunden werden, muss daran gearbeitet werden.«

Dieses »Wir schaffen das« und eine irreführende Ansage des deutschen Fremdenamtes, bei syrischen Asylwerbern »weitestgehend faktisch« keine Dublin-Verfahren mehr zu verfolgen, verbreiten sich rasend schnell entlang der Migrationsrouten – und lösen eine Massenbewegung Richtung Deutschland aus. Am 31. August zieht sich die ungarische

Polizei für mehrere Stunden vom Budapester Ostbahnhof zurück, woraufhin sich Hunderte Migranten mit Zügen auf den Weg machen – die ÖBB lassen einige überfüllte Railjets an der Grenze räumen, mehrere Hundert Menschen kommen aber dennoch bis zum Wiener Westbahnhof, wo ÖBB, Polizei, Caritas und Rettung schnell eine Einsatzzentrale einrichten. Unter dem Eindruck der Toten von Parndorf melden sich auch Dutzende private Helfer, die schnell einen Vorrat an Lebensmitteln und Hygieneartikeln anlegen.

Ungarn sperrt am nächsten Tag den Bahnhof in Budapest für Migranten wieder. Um seine Dublin-Pflichten zu erfüllen, aber auch um Härte zu demonstrieren, will die Regierung Orban sie in Lager bringen und dort an der Weiterreise hindern. Aber das wollen die Tausenden, die inzwischen über Serbien nach Budapest gekommen sind, nicht – sie wollen weiter nach Deutschland. In den nächsten Tagen entsteht eine regelrechte Belagerung – »Merkel!«- und »Germany!«-Sprechchöre inklusive. Ungarn versucht trotzdem, die Weiterreise zu unterbinden.

Am Freitag, dem 4. September 2015, haben die Migranten genug. Mehrere Hundert Männer machen sich zu Fuß auf Richtung Grenze. Sie wollen ins rund 200 Kilometer entfernte Österreich gehen, und von dort weiter nach Deutschland. In den sozialen Medien verbreiten sich die Bilder schnell als »#marchofhope«.

Über die ungarische Botschaft lässt Orban in Wien anfragen, wie die Regierung Faymann mit dem Marsch der Migranten umzugehen gedenke. Soll Ungarn das Dublin-Recht exekutieren und versuchen, ihn zu stoppen – oder soll es ihn nach Österreich durchlassen? Wenig später kündigt die ungarische Regierung öffentlich an, alle Migranten, die das wollen, per Bus an die österreichische Grenze zu bringen. Es ist schwer, darin nicht ein Ultimatum an jene zu sehen, die Orban immer wieder für seine Abschottungspolitik kritisiert hatten: Sollen sie doch entscheiden, wie sie damit umgehen.

Faymann telefoniert in der Nacht dann zweimal mit Merkel; sie einigen sich, dass jeder Versuch, die Karawane mit Zwang aufzuhalten, zu einer humanitären Katastrophe führen würde – außerdem müssten sie eine Grenze in Europa schließen, noch dazu ausgerechnet jene, die Jahrzehnte den Eisernen Vorhang bildete. Diesen Schritt wagt niemand, will niemand wagen. Merkel sagt Faymann zu, die Grenzen für Migranten offenzuhalten, die von Ungarn nach Deutschland weiterwollen. Kurz nach Mitternacht, in den Morgenstunden des 5. September 2015, meldet die Austria Presse Agentur: »Österreich und Deutschland erlauben aus Ungarn kommenden Flüchtlingen die Weiterreise in ihre Länder.« Wenig später überqueren die ersten Migranten die Grenze bei Nickelsdorf.

Machen wir einen Schritt zurück: Faktisch ist Österreich ab diesem Zeitpunkt für mehrere Wochen nur noch Passagier von Entwicklungen außerhalb seiner Sphäre. Obwohl, vielleicht nicht Passagier, sondern eher Schaffner. Tag für Tag werden jetzt zigtausend Menschen Österreich Richtung Deutschland durchqueren, von Anfang September bis Ende des Jahres werden es rund 600 000 gewesen sein – trotz kleinerer Missverständnisse zwischen den Behörden beider Länder hält Merkels Zusage an Faymann, die Republik wird zum Durchlaufkanal, zu einem enormen Transportunternehmen.

Das macht sie zugegebenermaßen nicht schlecht: Schon in den Morgenstunden des 5. September schickt die Regierung praktisch alles, was rollen kann, an die ungarische Grenze: Busse des Bundesheeres genauso wie jene der ÖBB, um die Menschen nach Wien und von dort weiter nach München zu bringen. In jenen Tagen legen mehrere Leute den Grundstein für ihre Karrierewege in den folgenden Jahren: ÖBB-Chef Christian Kern zum Beispiel, der sich ebenso wie der burgenländische Landespolizeidirektor Doskozil als geschickter Manager der Menschenströme inszenieren kann.

Umgekehrt machen die Freiheitlichen von der ersten Minute an Stimmung gegen Faymanns Entschluss, alle durchzulassen. FPÖ-Generalsekretär Herbert Kickl spricht schon am Vormittag des 5. September von einem »Flüchtlingsstrom« und einer »Völkerwanderung«, der man »nur mit geschlossenen Grenzen Herr werden« könne: »Nicht die Dublin-Vereinbarung muss ausgesetzt werden, sondern die Schengen-Vereinbarung der offenen Grenzen«, sagt Kickl.

Solche Töne sind in diesen Septembertagen noch rar. Der öffentliche Diskurs ist vielmehr getragen von einer Welle der Hilfsbereitschaft, die sich an den Migrationsstrecken durch Österreich manifestiert: An den Wiener Bahnhöfen organisieren Freiwillige unter Schlagworten wie »Train of Hope« und »Refugees Welcome« Schlafstätten und Notküchen, mit denen Durchreisende versorgt werden, die »Willkommenskultur« wird zum geflügelten Wort. »Ich bin stolz auf Österreich und seine Menschen«, sagt zum Beispiel Gerry Foitik, Bundesrettungskommandant des Roten Kreuz. Am 1. Oktober findet am Heldenplatz ein Solidaritätskonzert mit prominenter Besetzung statt, die Polizei vermeldet danach 100 000 Zuschauer.

Kritische Stimmen innerhalb der Regierungsparteien zu der Entscheidung, die Grenzen weit offen und die Massen durchreisen zu lassen, finden sich in den ersten Wochen kaum – anders als in Deutschland übrigens, wo Bayerns Ministerpräsident Horst Seehofer praktisch von Minute eins an Merkels Entscheidung in Frage stellt.

Dass die Masse der Bürger von dieser Politik nicht ganz so begeistert ist, wie es zwischen Hilfsbereitschaft und Willkommenskonzerten vielleicht den Anschein hat, zeigen die nächsten Wahlgänge: Bei der Landtagswahl in Oberösterreich Ende September verdoppelt die FPÖ ihren Stimmenanteil auf mehr als 30 Prozent und liegt damit nur noch knapp hinter der ÖVP, die – wie auch die SPÖ – kräftig verliert. Auch in Wien können die Freiheitlichen Mitte Oktober auf über 30 Prozent der Stimmen zulegen – die SPÖ reagiert dennoch erleichtert, sie kommt gut zehn Prozentpunkte vor der FPÖ zu liegen, das von Strache ausgerufene »Duell um Wien« ist ausgeblieben. Im Bund fliegt die FPÖ in Umfragen einstweilen von Höchstwert zu Höchstwert, liegt durchgehend über 30 Prozent der Stimmen, während die Große Koalition längst keine Mehrheit mehr hätte.

Unter diesen Vorzeichen kühlt die Stimmung in der Koalition deutlich ab. Die Flüchtlingsrouten durch Österreich bleiben auch im Oktober und November stark, verlagern sich aber. Weil Ungarns Zaun Richtung Serbien sowie Orbans Nulltoleranzpolitik Migranten veranlasst, andere Wege zu suchen, kommen die meisten Menschen nun von Süden nach Österreich, vor allem über die slowenische Grenze beim steirischen Spielfeld.

Um deren Management dreht sich ein über Wochen schwelender Konflikt zwischen den Regierungsparteien. Die Einsatzkräfte vor Ort berichten der Regierung, angesichts immer stärker drängender Migranten bräuchte es bessere Möglichkeiten, den Andrang zu steuern. Innenministerin Mikl-Leitner drängt daraufhin auf »bauliche Verbesserungen«, konkretisiert später: »Natürlich geht es um einen Zaun.« Das will die SPÖ auf Biegen und Brechen vermeiden: »Es kommt weder ein Zaun zu Ungarn noch ein Zaun zu Slowenien«, sagt Kanzler Faymann.

Die Tatsache, dass ÖVP und SPÖ dann fast zwei Monate um Formulierungen streiten – inklusive Modellen und Ge-

genmodellen und Beschuldigungen, wer was davon an die Medien weitergespielt habe – spricht sehr dafür, dass unter dem Krisenmodus die toxische Dynamik der Großen Koalition weiter gärt. Am Ende einigt man sich doch: Es kommt ein »Türl mit Seitenteilen« (Faymann), ein nicht ganz vier Kilometer langer Zaun, um Migranten in den vorgesehenen Kontrollbereich zu schleusen.

Es sollte nicht das einzige Mal sein, dass die Koalition in der Krise auf Signalpolitik setzt. Noch 2015 beschließt sie Nachschärfungen im Asylrecht: »Asyl auf Zeit« soll der Regelfall werden, sodass nach einer bestimmten Zeit automatisch überprüft wird, ob noch Schutzgründe vorliegen (angesichts dessen, dass der Bund Jahre brauchen wird, um nur die Erstanträge der 88 000 Menschen abzuarbeiten, die 2015 Asyl in Österreich beantragen, ist das zu diesem Zeitpunkt bloße Symbolik), außerdem wird der Familiennachzug für Asylberechtigte erschwert.

AM »ENDE« DER BALKANROUTE

Während die Suche nach Unterkünften für jenen kleineren Teil der Migranten, die in Österreich bleiben (und nicht sofort nach Deutschland weiterwollen), durch das Durchgriffsrecht und die kompetente Arbeit des eigens bestellten »Flüchtlingskoordinators« Christian Konrad einfacher wird – er war früher einflussreicher Banker im Raiffeisen-Universum und kennt Gott und die Welt in der ganzen Republik –, beginnt die Stimmung im Land nach und nach auch offen sichtbar zu kippen.

Bürgermeister und Landespolitiker in ganz Österreich melden sich zunehmend mit dem Gefühl zu Wort, mit der Unterbringung und Integration der Neuankömmlinge überfordert

zu sein: »Wir fühlen uns überschwemmt«, formuliert beispielsweise der Bürgermeister des oberösterreichischen Steyregg.
Der steirische Landeshauptmann Hermann Schützenhöfer
erklärt: »Das Sichern der Grenzen ist Kernaufgabe des Staates.
Wir haben in den vergangenen Wochen und Monaten alles
getan, um den auf der Flucht befindlichen Personen die best-
mögliche Hilfe zu leisten. Wir sehen jetzt aber, dass die Ange-
legenheit ein Ausmaß angenommen hat, dem wir nicht mehr
Herr sind.«

Neben der FPÖ, die sich von Anfang an gegen die Öffnung
der Grenzen stark gemacht hat, sind es vor allem zwei Minister, die diese Stimmung im Sinne ihrer eigenen Message
kanalisieren: Innenministerin Johanna Mikl-Leitner und
Außenminister Sebastian Kurz (beide ÖVP) melden sich ab
Oktober 2015 mit deutlich kritischeren Stimmen als der Rest
der Koalition zu Wort. Die Migrationslage sei derzeit »natürlich außer Kontrolle«, sagt der Minister bereits im Oktober
auf *ServusTV* – dringend notwendig sei die Grenzsicherung
an den EU-Außengrenzen. Lasse diese sich nicht schaffen,
würden mehr Mitgliedstaaten Eigeninitiative ergreifen.

Mikl-Leitner fordert kurz darauf bei einem Termin in Spielfeld ebenfalls die Sicherung der Außengrenzen: »Wir müssen
an einer Festung Europa bauen«, sagt Mikl-Leitner. Ein paar
Tage danach wird sie ergänzen, die EU müsse »weg von gren-
zenloser Willkommenskultur«. Es sind Botschaften, die die
beiden in den folgenden Monaten immer wieder an die Öffentlichkeit bringen werden – abseits der Regierungsinszenierung,
in der Faymann und Mitterlehner sich noch immer als Manager
der Krise und Gestalter darstellen wollen.

Das Jahr 2015 geht mit der höchsten Zahl an Asylwerbern
zu Ende, die Österreich je verzeichnet hat, sowie mit Hundert-
tausenden, die durch das Land weiter nach Norden gereist

sind. Die Koalition liegt in den Umfragen darnieder, der Höhenflug der FPÖ geht weiter. In der Silvesternacht von Köln verschlechtern Übergriffe die Stimmung gegenüber Migranten weiter. Und die skandinavischen Staaten entschließen sich, wieder Grenzkontrollen einzuführen, um Migranten, die von Deutschland nach Dänemark oder Schweden wollen, zurückschicken zu können.

Unter diesen Eindrücken kündigt die Regierungsspitze im Jänner an, für 2016 solle eine »Obergrenze« an Asylanträgen gelten – maximal 37 500 Anträge will Österreich entgegennehmen. Die Idee ist unausgegoren – was etwa passiert, wenn der 37 501. Migrant nach Österreich kommt und hier Asyl beantragt, ist offen. Die Obergrenze beflügelt zwar die Debatte in anderen EU-Staaten, praktische Auswirkungen hat sie aber keine: Die Republik wird zwar im Jahr 2016 insgesamt 42 073 Asylanträge erhalten, aber davon nur rund 36 000 zu einem Verfahren im Inland zulassen – daher sei die Obergrenze eingehalten worden.

Dass die Asylzahlen sinken, hat primär mit zwei Entwicklungen zu tun. Die erste wird sich Sebastian Kurz in den kommenden Jahren mehrfach an die Brust heften: Die »Schließung der Balkanroute«. Tatsächlich koordinieren sich Kurz' Außenministerium und Mikl-Leitners Innenministerium Anfang 2016 intensiv mit den Staaten entlang der Fluchtroute. Bei einer »Westbalkan-Konferenz« in Wien Mitte Februar vereinbaren die Staaten eine akkordierte Vorgehensweise: Österreich, Slowenien, Ungarn, Kroatien, Serbien und Nordmazedonien kündigen an, täglich nur noch eine sehr begrenzte Zahl an Migranten – 580 pro Tag – entlang dieser Routen über ihre Grenzen zu lassen.

Das bringt den Staaten Schelte aus Berlin und Brüssel ein, vor allem aber aus Griechenland, wo sich binnen kurzer Zeit ein Rückstau an Migranten bildet, die eigentlich weiterziehen wollten. Aus Protest zieht Athen, das nicht einmal zu der Konferenz eingeladen war, seine Botschafterin aus Wien zurück – die Regierung verteidigt die Maßnahme aber: »Unser Alleingang ist reine Notwehr, auch ein Hilferuf«, sagt Kanzler Faymann.

Die andere Entwicklung wird besonders von Deutschland angetrieben. Über Monate hat die EU ein Abkommen mit der Türkei verhandelt: Der autokratisch geführte Staat verpflichtet sich, künftig zu versuchen, die illegalen Abreisen Richtung Griechenland zu unterbinden. Außerdem nimmt er illegal in die EU gereiste Migranten zurück und sorgt für bessere Versorgung in der Türkei. Im Gegenzug legt die Union bis zu sechs Milliarden Euro auf den Tisch.

Ob es nun die »Schließung« der Balkanroute (technisch gesehen ist sie bis heute nicht wirklich geschlossen, denn noch immer kommen jedes Jahr Tausende über diesen Weg in Richtung EU) oder das Türkei-Abkommen (das Ankara im Jahr 2020 de facto aufgekündigt hat) ist: Ab März 2016 gehen die Asylanträge in Österreich massiv zurück – 2016 wird man weit unter dem Rekordjahr 2015 bleiben. Zahlreiche Regelungen wie das »Durchgriffsrecht« oder das Amt des »Flüchtlingskoordinators« lässt die Koalition planmäßig auslaufen – jetzt soll es nach den Krisenmonaten zurück zum politischen »business as usual« gehen.

Denn es steht eine Bundespräsidentenwahl an.

→ Regeln, von denen sich schon lange im Voraus abzeichnet, dass sie unter Stress nicht funktionieren werden – wie die Dublin-Regeln der EU – gehören reformiert, solange es geht. Wenn »shit hits the fan«, ist es zu spät, ein System neu zu bauen.

→ Es zahlt sich aus, in Krisen erfahrene, gut vernetzte Spezialisten zu Sonderbeauftragten zu ernennen. Anders als aktive Politiker müssen sie weniger Rücksicht auf die Wählergunst und Parteifreundschaften nehmen – und können so zum Gesicht pragmatischer Maßnahmen werden, ohne Porzellan zu zerschlagen.

→ So schwer das in der Hitze des Gefechts sein mag: Auch am Höhepunkt einer Krise sollten Regierungspolitiker Zeit und Muße haben, nicht nur an das aktuelle Management, sondern auch an mögliche Exit-Szenarien zu denken.

KAPITEL 3

DIE ENDLOSE
BUNDESPRÄSIDENTENWAHL

→ Wie die Österreicher die Kandidaten von SPÖ und ÖVP beinhart durchfallen ließen.

→ Wie Werner Faymann von den eigenen Genossen aus dem Amt gepfiffen wurde.

→ Wie Österreich schlussendlich fast ein Jahr brauchte, um einen neuen Bundespräsidenten zu finden.

DER SCHOCK

Historisch gesehen, waren Bundespräsidentenwahlen in Österreich praktisch Exklusiv-Veranstaltungen in Rot und Schwarz. Kandidaten anderer Parteien bzw. Unabhängigen war es nie auch nur ansatzweise gelungen, an die Ergebnisse der von SPÖ- und ÖVP-Nominierten heranzukommen oder auch nur in die Nähe der absoluten Mehrheit der Wählerstimmen vorzudringen, die es braucht, um Österreichs Staatsoberhaupt zu werden. Am nähesten heran kam 1992 Heide Schmidt, die damals von Jörg Haiders Freiheitlichen nominiert worden war, mit 16,4 Prozent der Stimmen, und damit die großkoalitionären Kandidaten Rudolf Streicher und Thomas Klestil in eine Stichwahl zwang. Letzterer setzte sich damals im zweiten Wahlgang durch; 2004 folgte der damalige Nationalratspräsident Heinz Fischer auf den wenige Tage vor Ende seiner Amtszeit verstorbenen Klestil, 2010 wurde er mit einer Mehrheit von fast 80 Prozent für eine zweite Amtszeit bestätigt.

Klestil und Fischer haben in ihren Amtszeiten – zusammengezählt immerhin 24 Jahre – ein öffentliches Bild des Bundespräsidenten verfestigt, das mit der gemäß Bundesverfassung beträchtlichen Macht des Amtes nur wenige Berührungspunkte hat: Das eines freundlichen älteren Herrn in der Hofburg, der bei Staatsbesuchen gute Miene macht und zumindest zweimal im Jahr – zum Nationalfeiertag und zu Neujahr – Politik und Bevölkerung ins Gewissen redet. Auch wenn beide ihre Macht punktuell durchaus nutzen (Klestil, als er der von ihm ungeliebten blau-schwarzen Regierung unter Wolfgang Schüssel 2000 schon im Voraus signalisiert, welche Ministerkandidaten er sicher nicht akzeptieren werde; Fischer, als er sich 2008 weigert, ein aus seiner Sicht offensichtlich verfassungswidriges Gesetz der rot-schwarzen Koalition unter Alfred

Gusenbauer zu beurkunden), gehen diese Amtszeiten ohne gröbere Konflikte oder gar Krisen über die Bühne, in denen sie bis dato tot geglaubte Passagen der Verfassung ausloten.

Anders als andere Staatsoberhäupter, die nur noch zeremonielle Funktionen haben – wie die verbliebenen Monarchen des Westens – oder Präsidenten, die als zentrale Träger die unmittelbare Exekutivgewalt in ihrem Land anführen – etwa in Frankreich oder den USA –, ist der österreichische Bundespräsident ein »schlafender Riese«, wie es der Staatsrechtler Manfried Welan formuliert hat.

Der Präsident – vieles davon wird Österreich in den folgenden Jahren überrascht vorgeführt bekommen – kann frei, unabhängig etwa vom Wahlergebnis einer Nationalratswahl, einen Bundeskanzler auswählen und ihn wieder abberufen, hat eine Schlüsselrolle bei der Ernennung wichtiger Beamtenposten und der Durchsetzung von Entscheidungen des Verfassungsgerichtshofs. Er könnte sogar – auf Vorschlag der Bundesregierung, die er aber, wie gesagt, frei ernennen kann – den Nationalrat auflösen und eine Neuwahl erzwingen. Anders gesagt: Es geht um etwas, und eine Koalition, die gegen den Bundespräsidenten regieren will, hat es jedenfalls schwer.

Als Österreich sich Ende 2015 langsam darauf vorbereitet, ein neues Staatsoberhaupt zu wählen – der erste Wahlgang wird schließlich am 24. April stattfinden –, kristallisiert sich nach und nach heraus, dass diesmal alles ganz anders ablaufen wird. Es fängt schon damit an, dass die beiden Großparteien SPÖ und ÖVP, nach wie vor in aufrechter Koalition, im Schatten der Migrationskrise unbeliebt sind wie kaum je zuvor. Mitterlehners »Django-Effekt« ist längst verpufft, Anfang 2016 liegen die zwei Parteien in der Sonntagsfrage gleichauf, beide unter 25 Prozent, abgeschlagen hinter den Freiheitlichen, deren Werte ständig über 30 liegen.

Außerdem kommen beiden Koalitionsparteien die Kandidaten abhanden, die jahrelang als logische Optionen für Fischers Nachfolge gegolten hatten: Die in allen Parteien geschätzte SPÖ-Nationalratspräsidentin Barbara Prammer war Mitte 2014 an Krebs verstorben. Und Niederösterreichs Landeshauptmann Erwin Pröll, der im wählerstärksten Bundesland mehrfach die absolute Mehrheit geholt hatte und inzwischen der einflussreichste Politiker der ÖVP war, erklärt erst Anfang 2016, nicht als Bundespräsident antreten zu wollen. Mit dieser späten Entscheidung (»Man muss wissen, wo man hingehört.«) überrascht Pröll Freund und Feind: Zum Jahreswechsel hatten etliche Parteifreunde Pröll noch öffentlich als idealen Kandidaten für die Hofburg hochleben lassen. Dass die Partei nun binnen weniger Tage jemand anderen suchen muss, der, für alle Wähler offensichtlich, nicht einmal innerhalb der Volkspartei die erste Wahl ist, ist keine besondere Hilfe für den ohnehin schwierigen anstehenden Wahlkampf.

Unter diesen Bedingungen entsteht dann ein Kandidatenfeld, das zumindest auf dem Papier ein weites Spektrum an Ansprüchen an das Amt abdeckt. Die SPÖ schickt Rudolf Hundstorfer ins Rennen. Der Gewerkschafter, überzeugter Großkoalitionär und mittlerweile seit zehn Jahren Sozialminister, hat besonders bei der Bewältigung der Finanzkrise und ihrer Folgen – Stichwort Kurzarbeit – Applaus von vielen Seiten bekommen. Seine Kandidatur hat unmittelbare Folgen in der Regierung: Alois Stöger, bisher Infrastrukturminister, folgt Hundstorfer im Sozialressort, ihm selbst wiederum folgt der glücklose Verteidigungsminister Gerald Klug. Neu in die Bundesregierung steigt Hans Peter Doskozil ein, der burgenländische Parteichef, der im Zuge der Krise mehrfach gute Figur gemacht hatte (und von Anfang an mit seinen Ambitionen kokettiert, Hans Niessl einst als Landeshauptmann in Eisenstadt nachzufolgen).

Die ÖVP einigt sich nach Prölls Absage binnen weniger Tage auf Andreas Khol, der seinem Lebenslauf nach die idealen Voraussetzungen mitbrächte: Promovierter und habilitierter Verfassungsjurist, langjähriger Parlamentarier als Klubobmann und Nationalratspräsident, mittlerweile hauptamtlicher Pensionistenvertreter – aber auch in Erinnerung geblieben als Klubobmann und »Chefideologe« der Volkspartei in der Zeit der blau-schwarzen und schwarz-orangen Regierungen Anfang des Jahrtausends.

Auch die Freiheitlichen entscheiden sich für ein Mitglied des Nationalratspräsidiums: Norbert Hofer, ein Techniker und Hobbyflieger aus dem Burgenland, gilt sowohl als einer der weniger aggressiven und in alle Richtungen verträglichen Repräsentanten der FPÖ, als auch in der Partei als wohlgelitten: 2011 hatte er das neue Parteiprogramm erarbeitet. Der nach einem Unfall gehbehinderte Hofer gilt besonders in Pflegefragen als besonders engagiert. Mit 45 wird Hofer der jüngste Kandidat sein, der im April auf dem Wahlzettel steht.

Seitens der Grünen kündigt der ehemalige Parteichef Alexander Van der Bellen schon im Dezember seine Kandidatur an: Der Volkswirtschaftsprofessor war in den 1970er-Jahren SPÖ-Mitglied, wurde dann aber – über den Umweg der Umweltbewegung – von Peter Pilz zu den Grünen geholt. Bis 2008 fungierte er als deren Bundessprecher, mittlerweile hatte ihn die rot-grüne Koalition im Wiener Rathaus zum »Universitätsbeauftragten« der Stadt bestellt.

Während die noch junge, erst 2013 ins Parlament eingezogene Partei Neos wie auch das Team Stronach keine eigenen Kandidaten aufstellen, wirbt ebenfalls schon im Dezember eine unabhängige Kandidatin um Unterstützung: Die ehemalige Präsidentin des Obersten Gerichtshofs, Irmgard Griss, eigentlich Zivilrechtlerin, aber auch Ersatzmitglied des Verfassungsgerichtshofs. Der politischen Öffentlichkeit war die Steirerin erstmals als gewissenhafte Vorsitzende der Untersuchungskommission zum Hypo-Skandal bekannt geworden – eine weitere Personalentscheidung aus der Zeit Michael Spindeleggers als Finanzminister, die über Jahre weiterwirken sollte. Griss, die trotz einzelner politischer Unterstützer (etwa Hotelier und Neos-Abgeordneter Josef Schellhorn) ohne institutionelle Infrastruktur eine hochprofessionelle Kampagne anführt, sammelt dafür fast 900.000 Euro Spenden.

Als einziger »Veteran« zieht zuletzt der – von Anfang an chancenlose – umtriebige Wiener Unternehmer Richard Lugner noch einmal in den Wahlkampf: Bei Klestils Wiederwahl 1998 war er bereits einmal als Präsidentschaftskandidat angetreten, damals hatte er fast zehn Prozent der Stimmen erhalten.

Es ist ein kurzer, intensiver Wahlkampf, der von Anfang an im Schatten der Migrationskrise steht. Während die Zahlen der Migranten in und durch Österreich in diesem April bereits wieder sinken – eine Folge vor allem des Deals der Union mit der Türkei –, sind die Bilder von den Massen an den Grenzen, in Bahnhöfen und auf den Straßen noch frisch im Gedächtnis der Wählerschaft.

Hofer thematisiert das offensiv, erklärt mehrfach, er hätte die Regierung Faymann schon zu Beginn der Krise aus dem Amt entlassen und würde das, wenn er gewählt und angelobt werden würde, auch jetzt noch tun. Umgekehrt philosophiert Van der Bellen mehrfach öffentlich über die freie Auswahl des Präsidenten, was den Bundeskanzler angeht – und damit, dass es eben deshalb kein Automatismus sei, dass FPÖ-Chef Heinz-Christian Strache Regierungschef werden müsste, selbst wenn die Freiheitlichen eine Nationalratswahl gewinnen sollten. Was Hofer wiederum quittiert, indem er Van der Bellen als »faschistischen grünen Diktator« beschimpft.

Besonders schwer tun sich mit dem Thema Migration die Kandidaten der Regierungsparteien: Hundstorfer etwa versucht den Spagat zu vermitteln, man dürfe Kriegsflüchtigen »nicht die Tür versperren«, aber »wir können nicht die Welt retten«. Khol wiederum, dessen Wahlkampf vor allem seine Erfahrung in Politik und Recht hervorzustreichen versucht, flüchtet sich auf Wortspiele: »Die Nächstenliebe kann nicht nur eine Fernstenliebe sein.«

Darüber hinaus bleiben in diesem Wahlkampf drei Momente in Erinnerung: In einem Interview erklärt Griss, die ihre Unabhängigkeit ins Zentrum ihrer Wahlwerbung gestellt hat, zur NS-Zeit in Österreich, »es war nicht so, dass die Nazis von Anfang an nur ein böses Gesicht gezeigt hätten.« Besonders Van der Bellen und sein Umfeld nehmen dieses Zitat als Auflage, eine – dringend gesuchte – Möglichkeit zu finden, sich von Griss zu differenzieren: »Ein Geschichtsbild, das spätestens seit Helmut Qualtinger vollkommen überholt ist«, ortet Van der Bellen da.

Der zweite Moment: Wenige Wochen vor der Wahl trifft Erwin Pröll noch einmal die Entscheidung, in Wien durchzugreifen. Johanna Mikl-Leitner, Innenministerin und damit eine der zentralen Figuren der Migrationskrise, soll nach St. Pölten in die niederösterreichische Landesregierung zurückkehren (was Kommentatoren korrekterweise als Signal werten, dass sie eines Tages Pröll selbst an der Landesspitze beerben soll). Im Gegenzug soll Prölls bisheriger Stellvertreter Wolfgang Sobotka Mikl-Leitners Job in Wien bekommen. (Gelinde gesagt hat der bisherige Finanzlandesrat im Bund nicht nur Freunde, vor allem mit Finanzminister Schelling hat er schon mehrere Kelche ausgefochten.) Khol und Parteichef Mitterlehner hätten gerne gehabt, dass diese Rochade – von den anderen Parteien als blanke Willkür ohne Rücksicht auf das Staatswohl kritisiert – erst nach der Bundespräsidenten-wahl stattfindet, aber Pröll setzt sich durch: Am 21. April, drei Tage vor dem ersten Wahlgang, ernennt Fischer Sobotka zum Innenminister.

Der dritte Moment, der in den folgenden Jahren zu einem geflügelten Wort werden sollte: In einem TV-Duell deutet Hofer an, die Kompetenzen des Bundespräsidenten weiter auslegen zu wollen als bisher: »Sie werden sich wundern, was alles möglich ist.«

Wer sich in diesen Tagen mit der österreichischen Innen-politik beschäftigt, spürt in Gesprächen an allen Ecken und Enden, dass sich etwas im Land zuspitzt, dass spätestens mit der Migrationskrise eine Lagerbildung eingesetzt hat. Die Große Koalition lebt nur noch von geborgter Zeit, alle Um-fragen zeigen die unabhängige Griss und die Oppositions-kandidaten Hofer und Van der Bellen klar in Führung. Zwei Tage vor der Wahl twittert Oliver Pink, Innenpolitikchef der *Presse*, einen Mini-Kommentar: »Bitte alles nur nicht Van der Bellen gegen Hofer! Vier Wochen Licht gegen Schatten, Gut gegen Böse halte ich nicht aus.«

Es werden am Ende weit mehr als nur vier Wochen werden.

FAYMANN, DAS ERSTE OPFER DER BUNDESPRÄSIDENTENWAHL

Wenn man einen konkreten Tag festmachen müsste, an dem die Zweite Republik, geprägt vom geteilten Machtsystem aus Rot und Schwarz, zu Ende gegangen ist, wäre der 24. April 2016 ein heißer Anwärter. Sowohl Hundstorfer als auch Khol kom-men nicht einmal in die Nähe der Stichwahl. Gerade je knapp über elf Prozent der Stimmen erhalten beide an diesem Tag, nicht einmal jeder vierte Wähler hat sich für die Kandidaten der Regierungsparteien entschieden. Der erste Platz geht mit mehr als einem Drittel der Stimmen an Hofer, Van der Bellen geht mit 21 Prozent als Zweiter ins Ziel, Griss schafft mit fast 19 Prozent einen Achtungserfolg.

In der Koalition werden nach der doppelten Niederlage die Gräben zwischen Rot und Schwarz – und auch innerhalb der Parteien – noch tiefer, als sie es nach den Differenzen in der Migrationskrise ohnehin schon sind. Es sei jetzt die »allerletzte Chance« der Regierungsparteien, noch einmal einen Kurswechsel vorzunehmen, stellt etwa Tirols Landeshauptmann Günther Platter (ÖVP) offen in den Raum, »das war eine deutliche Abrechnung«, weil sich die Partner gegenseitig keine Erfolge gegönnt« und stattdessen »Hackl geschmissen« hätten.

In der SPÖ rumort es seit Monaten, Bundeskanzler Werner Faymann war schon vor Hundstorfers Niederlage angeschlagen – aber dank der Unterstützung des mächtigen Wiener Bürgermeisters Michael Häupl bis zu diesem Punkt noch fest im Sattel. Noch am Wahlabend meldet sich Brigitte Ederer zu Wort. Die Siemens-Managerin war einst Stadträtin unter Häupl und hat nun Hundstorfers Personenkomitee angeführt, jetzt fordert sie unverblümt den Kopf des Kanzlers. »Werner Faymann kann nicht so tun, als hätte dies alles nichts mit ihm zu tun, weil er ja nicht zur Wahl gestanden sei. Diese Niederlage hat sehr viel mit der Regierungspolitik zu tun«, sagt Ederer, und legt einen Satz nach, an den eine Woche später viele zurückdenken werden: »Da kann es auch passieren, dass die Kundgebung am 1. Mai zu einer Demonstration gegen die SPÖ-Spitze wird. Da ist was ins Rutschen gekommen.«

Es kommt, wie Ederer es befürchtet – oder angesagt – hat. Faymanns Rede geht in einem Pfeifkonzert der auf dem Rathausplatz versammelten Genossen unter. Die Unzufriedenheit der SPÖ-Basis mit ihrem Kanzler ist nun auch in Wien nicht mehr zu übersehen. Es sind mehrere Faktoren über Hundstorfers Niederlage hinaus, die schließlich zum Rückzug Faymanns führen werden: Für die einen hat der Kanzler der ÖVP zu sehr nachgegeben bei den Verschärfungen im Asylrecht – das passt nicht so zur »Willkommenskultur«, die besonders die Wiener Partei sich auf die Fahnen geschrieben hatte und damit noch im Herbst bei der Gemeinderatswahl gut gefahren war. Für die anderen ist Faymann, untrennbar mit der Grenzöffnung verbunden, eines der Gesichter der Migrationskrise. Und für sie alle ist in der Koalition schlicht zu wenig sozialdemokratische Handschrift zu erkennen.

Das alles geht, solange man damit trotzdem noch Wahlen gewinnt – aber dieser Nimbus ist nun passé: Acht Tage nach der Demütigung am Rathausplatz, nach einem Treffen mit fünf Landesparteichefs, die ihm mehr oder weniger offen das Vertrauen entziehen, tritt Faymann am 9. Mai im Kanzleramt vor die Kameras und legt sein Amt zurück. »Dieses Land braucht einen Kanzler, wo die Partei voll hinter ihm steht. Die Regierung braucht einen Neustart mit Kraft«, sagt der 56-Jährige. »Wer diesen Rückhalt nicht hat, kann diese Aufgabe nicht leisten.«

Die Frustration muss auch hinter den Kulissen groß sein – Faymann bleibt nicht einmal im Amt, bis ein Nachfolger gefunden ist, er tritt sofort ab. Bundespräsident Fischer muss Mitterlehner mit der interimistischen Führung der Regierungsgeschäfte beauftragen, aber nicht für lange: In der SPÖ galten schon länger zwei Männer, zwei Manager, als potenzielle Nachfolgekandidaten – ÖBB-Chef Christian Kern und Gerhard Zeiler, einst ORF-General und nun in der Führung des internationalen Warner-Medienkonzerns. Es liegt an Häupl, die

Kandidatensuche zu moderieren, schon am 12. Mai, drei Tage nach Faymanns Rückzug, ist alles klar: Eine Kampfabstimmung, die die zerrüttete Partei noch weiter aufreiben würde, will niemand. Zeiler zieht seine Kandidatur zurück, der Weg ist frei für Christian Kern, am 13. Mai ernennt ihn Fischer zum Bundeskanzler. »Ab heute läuft der Countdown um die Herzen in diesem Land«, sagt Kern bei seinem Antritt – und gelobt einen neuen Stil (er wird nicht der Letzte sein): »Wenn wir dieses Schauspiel weiter liefern, ein Schauspiel der Machtversessenheit und der Zukunftsvergessenheit, dann haben wir nur noch wenige Monate bis zum endgültigen Aufprall, wenige Monate, bis das Vertrauen und die Zustimmung in der Bevölkerung restlos verbraucht sind.«

Mit Mitterlehner, mit dem Kern sich gut versteht, einigt er sich schnell auf Reformprioritäten: Wirtschaft, Forschung, Entbürokratisierung, Bildung und Asyl sollen die verbleibenden zwei Jahre in dieser Legislaturperiode prägen, schon bald wollen sie konkrete Pläne vorlegen. Nach Kerns Regierungserklärung im Nationalrat sagt Mitterlehner einen Satz, der im Nachhinein eine gewisse Ironie in sich birgt: »Ich will, und ich glaube, unsere Seite will auch.«

OHNE MODERATION

Zuerst muss sich die Republik aber noch auf ein neues Staatsoberhaupt einigen. Das sollte recht rasch gehen, hätte man vermutet: Die Stichwahl findet exakt vier Wochen nach dem ersten Wahlgang statt, am 22. Mai 2016. Und wenn man die Atmosphäre beobachtet, die in diesen Wochen im Land Einzug hält, möchte man sagen: Sie kann gar nicht schnell genug kommen.

Vielleicht ist es ein – für österreichische Verhältnisse jedenfalls – so erbitterter Wahlkampf, weil die Kandidaten aus Parteien kommen, die einander, Blau und Grün, diametral gegenüberstehen. Vielleicht spielt auch mit, dass sie die ersten Konkurrenten mit realistischen Chancen sind, die nicht aus den bisherigen Großparteien kommen. Und vielleicht ist auch ein Faktor, dass bei zwei Kandidaten, denen Umfragen von Anfang an ein Kopf-an-Kopf-Rennen vorhersagen, ein Stück Polarisierung einfach in der Natur der Sache liegt.

Die Härte, mit der der Wahlkampf um ein Amt geführt wird, das wie kein anderes in der Republik von Würde und Respekt lebt, wird spätesten eine Woche vor der Stichwahl offen sichtbar. Am 15. Mai lässt der Privatsender ATV die Kandidaten in einem besonderen Format aufeinandertreffen: Ohne Moderation, ohne Themenvorgaben haben Van der Bellen und Hofer 45 Minuten für sich allein vor laufenden Kameras.

Der Abend geht in die Geschichte der österreichischen Innenpolitik ein, weil es – bisher zumindest – das einzige Mal ist, dass ein späterer Bundespräsident dem Dritten Nationalratspräsidenten den »Scheibenwischer« zeigt, die nonverbale Form von »Hast an Huscher?« Konkret geht es in dem Moment um eine relative Nichtigkeit: Hofer kreidet Van der Bellen an, eine seiner Unterstützerinnen, die ehemalige ÖVP-Ministerin Maria Rauch-Kallat, habe den Grünen einst attestiert, »nicht regierungsfähig« zu sein – was der mit der Wischergeste und der Gegenfrage »Wovon reden Sie eigentlich?« quittiert, immerhin seien die Grünen in fünf der neun Landesregierungen präsent.

Es ist der Höhepunkt einer angriffig-untergriffigen Debatte, die von gegenseitigen Vorwürfen geprägt ist: Hofer verstehe nichts von Wirtschaftspolitik, wirft Van der Bellen ihm an den Kopf, der kontert damit, dass der ehemalige Professor nie in der Wirtschaft gearbeitet habe. Hofer unterstellt, Van der Bellen schaue immer mehr auf das Ausland als auf Österreich, der wiederum sieht bei dem FPÖ-Politiker einen autoritären Stil. Als Gewinner geht niemand aus diesem Duell – außer der Sender ATV vielleicht, der ein brutal entlarvendes Format geschaffen hat.

Noch einmal verschärfend wirkt abseits der Antipathie und politischen Distanz der beiden Kontrahenten, dass die Freiheitlichen den Präsidentschaftswahlkampf nützen, um auch ihrem Parteiprofil Rückenwind zu verleihen. Bei Hofers Schlusskundgebung am Viktor-Adler-Markt spielt der Kandidat selbst nur eine Nebenrolle; Parteichef Heinz-Christian Strache nutzt die Gelegenheit, um abermals Stimmung gegen die rot-schwarze Koalition zu machen, Van der Bellen wäre nur ein »Lebensverlängerer« für die ungeliebte Regierung.

Während die Regierungsparteien selbst formal keine Wahlempfehlung abgeben, sprechen sich viele SPÖ-Politiker vom neuen Kanzler Kern abwärts für Van der Bellen aus, auch von bürgerlicher Seite bekommt Van der Bellen viel Unterstützung, darunter unter anderem von den Ex-ÖVP-Parteichefs Josef Pröll, Erhard Busek, Wilhelm Molterer und Josef Riegler; mit Ex-EU-Kommissar Franz Fischler und Othmar Karas unterstützt auch der schwarze Europa-Flügel den Grünen.

Trotzdem wird es, in Van der Bellens Worten, »arschknapp« am Wahlabend. Die Austria Presse Agentur, die schon im Laufe des Nachmittags Ergebnisse kleinerer Gemeinden und darauf aufbauende Hochrechnungen an die Redaktionen ausschickt (diese sind vertraglich aber zur Geheimhaltung bis nach Wahlschluss verpflichtet), meldet um 14.31 Uhr: »Norbert Hofer vor Wahl zum neuen Bundespräsidenten – Sieg in Stichwahl gegen Grünen-Kandidaten Van der Bellen zeichnet sich ab.« In den nächsten Stunden wird sich die Lage drehen – am Sonntagabend liegt Hofer zwar vorne, die Hochrechner sehen in der Briefwahl-Prognose (die Wahlkarten werden erst am Montag ausgezählt) aber Van der Bellen voran. Erst am Montagnachmittag steht – so zumindest scheint es – fest, dass Alexander Van der Bellen der neunte Bundespräsident nach dem Zweiten Weltkrieg wird: Er liegt 30 863 Stimmen vor Hofer, ein Ergebnis von 50,36 Prozent.

EIN JAHR LICHT GEGEN SCHATTEN

Österreich sollte sich ein paar Wochen später tatsächlich darüber wundern, was alles möglich ist. Schon am Tag vor der Stichwahl erklärt der freiheitliche Generalsekretär Herbert Kickl angesichts der Rekordzahl beantragter Wahlkarten, wachsam sein zu wollen – weil sonst eventuell »Helfershelfer des gegenwärtigen Politsystems hier vielleicht die Gelegenheit nutzen könnten, dem Wählerwillen zugunsten des Systemrepräsentanten Van der Bellen ›nachzuhelfen‹«. Dass das Innenministerium am Sonntagabend, bevor die Wahlkarten ausgezählt sind, aus Versehen kurzzeitig ein »vorläufiges Endergebnis inkl. Briefwahl« auf seiner Webseite stehen hat, ist ebenfalls keine große Hilfe, Verschwörungstheorien hintanzuhalten.

Die Freiheitlichen sammeln in den folgenden Tagen über ihre Wahlbeisitzer Fälle aus ganz Österreich zusammen, in denen ihrer Meinung nach unsauber ausgezählt worden ist – angesichts der geringen Stimmendifferenz könnten schon ein paar zehntausend Stimmen einen Unterschied machen. Und tatsächlich werden sie fündig: Noch in der Woche, in der Van der Bellen zum Sieger ausgerufen wird, zeigt das Innenministerium selbst Fälle in vier Kärntner Bezirken an, in denen Wahlkartenstimmen entgegen der Wahlordnung zu früh geöffnet worden sind.

Anfang Juni entscheidet Strache, die Wahl beim Verfassungsgerichtshof anzufechten – man habe eine Unzahl an Unregel-
mäßigkeiten dokumentiert, »das Ausmaß dieser Feststellungen
ist mehr als erschreckend und mehr als relevant«, sagt Strache;
»da geht es um die Grundfesten der Demokratie, die gesichert
sein müssen.« Die Grünen kritisieren das: Hofer habe seine
Niederlage längst eingestanden, die Anfechtung zeige nun, er
sei ein »schlechter Verlierer«.

Am Ende behalten die Freiheitlichen recht. Am 1. Juli,
eine Woche bevor Van der Bellen Fischer eigentlich formal
im Amt nachfolgen sollte, entscheidet der Verfassungsgerichtshof, die Stichwahl österreichweit aufzuheben. Die »Reinheit
der Wahl« sei nicht gewährleistet gewesen, erörtert der schei-
dende VfGH-Präsident Gerhart Holzinger: In 14 Bezirken hat
der Gerichtshof Missstände nachgewiesen – mal wurden Wahlkarten zu früh geöffnet, mal ohne Beisein von Beisitzern ausgezählt, anderswo wurden in mehreren Nachzählvorgängen
unterschiedliche Zahlen von fehlenden Stimmen festgestellt,
ohne dass das protokolliert worden wäre. Insgesamt sind es
fast 78 000 Stimmen, die von einem Makel betroffen sind –
»Schlendrian«, wie es der Präsident nennt.

Wichtig ist Holzinger, zu betonen, dass es bei all diesen
Fehlern zu Formverletzungen gekommen ist. »Der Verfassungsgerichtshof hält jedoch ausdrücklich fest, dass keiner der von
ihm einvernommenen Zeugen Anhaltspunkte für tatsächliche
Manipulationen wahrgenommen hat.« Aber: Der VfGH lege
einen »rigorosen Maßstab an« – das geschehe »im Interesse
der Gesetzmäßigkeit der Wahl, die in einer demokratischen
Republik, in der alle maßgebenden Staatsfunktionen durch Wahl
berufen werden, eines der Fundamente des Staates bildet.«

Im Übrigen sei auch die Weitergabe von Wahlergebnissen
an Medien und Hochrechner unzulässig – sie verstoße gegen

die Freiheit der Wahl. Holzinger sagt, schon allein aus diesem Grund wäre die Wahl aufzuheben gewesen.

Die Rechtsfolge: Van der Bellen ist nicht als Bundespräsident gewählt (ein Schulbuchverlag, der besonders schnell seine Lehrbücher aktualisiert hatte, muss ein Erratum ausliefern). Weil Fischers Amtszeit aber trotzdem mit 8. Juli 2016 endet, kommt ironischerweise sein Konkurrent Hofer vor ihm in den Genuss, Teil des Staatsoberhauptes zu sein: Wenn der Bundespräsident verhindert ist, vertreten ihn die drei Nationalratspräsidenten gemeinsam als Kollegium – zu diesem Zeitpunkt sind das Doris Bures (SPÖ), Karlheinz Kopf (ÖVP) und eben Norbert Hofer.

Die *Süddeutsche Zeitung* kommentiert, »paradoxerweise haben die Freiheitlichen der österreichischen Demokratie einen Dienst erwiesen, auch wenn sie, das darf unterstellt werden, das Gegenteil erreichen und die wohlfeilen Gerüchte um eine gezielte Manipulation der Stichwahl befördern wollten« – Österreich sei eben keine Bananenrepublik, sondern ein Rechtsstaat, in dem der VfGH seiner Aufgabe als Wächter der Wahlen gewissenhaft nachkomme.

Im weiteren Verlauf des Jahres wird sich der Respekt für die österreichischen Institutionen dann doch etwas schmälern: Innenminister Sobotka muss die eigentlich für 2. Oktober – ein kurzer Wahlkampf nach dem Sommer, so die Idee – angesetzte Wiederholung der Stichwahl noch einmal verschieben, als sich herausstellt, dass etliche Wähler fehlerhafte Kuverts erhalten haben – der Kleber löst sich. Das Ministerium muss eingestehen, dass so abgegebene Stimmen eventuell für ungültig erklärt werden müssten – »wir können eine ordnungsgemäße Durchführung der Wahl am 2. Oktober daher nicht gewährleisten«. Mit einem Sondergesetz legt der Nationalrat nun den 4. Dezember als Wahltag fest.

Internationale Entwicklungen verschärfen die Vorzeichen noch einmal, unter denen der Wahlkampf mit den Stichworten Nationalismus, Populismus und autoritäre Einflüsse stattfindet: Großbritannien entscheidet sich im Juni für den Austritt aus der EU – und in den USA gewinnt im November überraschend Donald Trump die Präsidentschaftswahl. Beide Facetten spielen unmittelbar in das Duell zwischen Hofer und Van der Bellen hinein, das über den Sommer schmutzigere Züge annimmt: Gerüchte über den Gesundheitszustand Van der Bellens werden genauso verbreitet wie ein einstiger Antrag Hofers auf Pflegegeld.

Während in den anderen Parteien die Sympathien für die Kandidaten ziemlich klar verteilt sind, zeichnen sich in der (endgültigen) Schlussphase des Wahlkampfs in der Volkspartei bereits Bruchlinien ab, die später noch weiter aufreißen werden: Parteichef Mitterlehner erklärt, es gebe zwar keine Wahlempfehlung, er werde aber Van der Bellen wählen, weil er für die Wirtschaft besser wäre – woraufhin Reinhold Lopatka, immerhin ÖVP-Klubobmann im Nationalrat, seine Sympathie für Hofer bekundet, dieser habe als Dritter Präsident eine gute Figur gemacht. Eine Aussage, die Mitterlehner wiederum als »Fall von Illoyalität« tadelt – dass Lopatka das nicht mit ihm abgestimmt habe, nütze der Partei nicht.

Van der Bellen entscheidet die neuerliche Stichwahl im Dezember am Ende deutlicher für sich als die aufgehobene im Mai, er gewinnt bei noch höherer Wahlbeteiligung mit 53,8 Prozent der Stimmen.

Einer, der sich bisher nobel zurückgehalten und keinerlei Sympathien für Van der Bellen oder Hofer hatte erkennen lassen, will es nun schon immer gewusst haben: Außenminister Sebastian Kurz erklärt bei einer Podiumsdiskussion am Dienstag nach der Wahl: »Ich war nicht sonderlich überrascht« – er habe Freunden sogar empfohlen, auf Van der Bellen zu wetten. Für wen er selbst gestimmt hat, lässt Kurz offen. »Ich habe zu jenen gehört, die keine Empfehlung abgegeben haben, und habe das auch relativ intelligent gefunden.«

WAS WIR VON DER BUNDESPRÄSIDENTENWAHL LERNEN KÖNNEN

→ Mit der Niederlage von Rudolf Hundstorfer und Andreas Khol ist den Parteien der Großen Koalition erstmals an der Urne vor Augen geführt geworden, dass es in der österreichischen Politik auch ohne sie geht. Es gibt keinen Automatismus mehr, keine garantierten Mehrheiten.

→ Auch sicher geglaubte Systeme können verrotten: Bis zur Anfechtung durch die FPÖ hätten wohl viele darauf gebaut, dass Wahlen in Österreich gründlich und gewissenhaft abgewickelt werden. Erst die Aufhebung hat gezeigt, dass in Teilen des Landes »Schlendrian« Einzug gehalten hat – und dass es sinnvoll ist, darauf zu achten, dass das nicht passiert.

→ Wählen macht einen Unterschied! Hätten nur ein paar Tausend Bürger in diesem Jahr 2016 anders entschieden, wäre statt Van der Bellen Hofer in der Hofburg gesessen. Man kann spekulieren, dass dann einiges – etwa der Zerfall nach Ibiza oder die Pandemiepolitik – ganz anders hätte ablaufen können.

KAPITEL 4

GROKOFF

→ Wie Rot und Schwarz nach der Migrationskrise nicht mehr zueinander fanden.

→ Wie Sebastian Kurz die ÖVP übernahm.

→ Wie Reinhold Mitterlehner nach der Eröffnung
eines Giraffengeheges alles hinschmiss.

Es wäre unfair zu behaupten, dass die Große Koalition in ihrem letzten Jahr im Amt überhaupt nichts mehr zustande gebracht hätte. Im Gegenteil, gerade im Schatten der Migrationskrise und der Bundespräsidentenwahl bringen SPÖ und ÖVP dann doch etliche Reformen auf den Boden: Neue Kindergeldmodelle werden eingeführt, Schulen bekommen ein Stück mehr Autonomie, es wird eine »Ausbildungspflicht« bis 18 verordnet, die Gedenkstätte Mauthausen wird zu einer Bundesanstalt, das Geburtshaus Hitlers enteignet und so weiter.

Aber trotz des guten Einvernehmens, das zwischen dem neuen Bundeskanzler und SPÖ-Chef Christian Kern und seinem Vize und ÖVP-Chef Reinhold Mitterlehner herrscht, gehen solche gemeinsamen Errungenschaften in ständigen Reibereien unter. Während die Republik 2016 monatelang an der Bundespräsidentenwahl laboriert und der Konflikt zwischen den politischen Lagern damit ohnehin omnipräsent ist, verfangen sich Rot und Schwarz im Wochentakt in kleineren und größeren Differenzen: Ob die Republik den internationalen Handelsabkommen TTIP und CETA zustimmen soll, ob und welche Obergrenzen es für die neue Mindestsicherung gibt, ob Asylberechtigte zu »Ein-Euro-Jobs« gezwungen werden können oder wie man die Asyl-Obergrenze tatsächlich handhaben soll (bzw. wie überhaupt gezählt wird). All das sind Fragen, zu denen sich die Koalitionspartner ständig in wenig freundlichen Tönen über den Sommer 2016 ihre Positionen öffentlich ausrichten.

Andere Vorhaben, als große Befreiungsschläge angekündigt, enden als Mini-Kompromisse: Der »Finanzausgleich«, in dem die Steuern zwischen Bund, Ländern und Gemeinden aufgeteilt werden, sollte nach dem Willen von Finanzminister Johann Georg Schelling endlich viel stärker an den Aufgaben ausgerichtet werden, die die Gebietskörperschaften jeweils haben und außerdem Steuerwettbewerb im Land ermöglichen. Davon bleibt wenig übrig, in Erinnerung wird die Einigung vor allem für die Abschaffung der Zweckbindung der Wohnbauabgabe bleiben.

Dazu kommt, dass mehrere Personalentscheidungen wenig einmütig fallen: SPÖ und ÖVP schicken getrennte Kandidaten für die Nachfolge Josef Mosers an der Spitze des Rechnungshofs ins Rennen. Am Ende setzt die Volkspartei ihren zu diesem Zeitpunkt hoch umstrittenen Vorschlag durch und die langjährige Bürochefin des steirischen Landeshauptmanns Hermann Schützenhöfer, Margit Kraker, bekommt den Job. Umgekehrt läuft es im ORF: Der von der ÖVP präferierte Richard Grasl scheitert; mithilfe grüner, pinker und unabhängiger Stiftungsräte geht der von der SPÖ unterstützte Alexander Wrabetz in eine dritte Amtszeit als Generaldirektor.

Im Herbst spitzt sich die Lage noch einmal zu: In den Verhandlungen über die bundesweiten Grundsätze der Mindestsicherung – nicht nur sozial-, sondern auch migrationspolitisch eine zentrale Frage – finden die Koalitionsparteien keine Einigung, die Bundesländer sind damit frei, eigene Grenzen einzuziehen. Beim Beschluss des Budgets 2017 fliegen dann endgültig die Fetzen: Schelling richtet in seiner Budgetrede aus, besonders in den Bereichen Arbeit, Pensionen, Bildung und Infrastruktur bestünde Reformbedarf – zufällig alles Bereiche, die der SPÖ obliegen. Kanzler Kern kontert, Schellings Budget sei »bestenfalls eine Pflicht, aber die Kür hat noch zu kommen«. Mitterlehner sieht darin »eine Standpauke« des Kanzlers.

Spätestens Ende 2016, als die Bundespräsidentenfrage dann endlich geklärt ist, ist allen Beteiligten klar, dass es so nicht weitergehen kann und wird. Die SPÖ sieht sich in den Umfragen seit Kerns Antritt im Aufwind, ihre Werte gehen wieder

Richtung 30 Prozent und liegen damit nur knapp hinter der FPÖ, während die ÖVP weiterhin bei knapp über 20 Prozent herumgrundelt. Im »Vertrauensindex« liegen Kern und seine neuen Minister deutlich vor ihren ÖVP-Kollegen – mit einer Ausnahme allerdings: Sebastian Kurz' persönliche Werte sind im Gegensatz zu jenen seiner Partei unschlagbar gut, auch eine Folge seiner deutlichen Positionierung in der Asylfrage, die er regelmäßig durch (in der Regierung nicht akkordierte) Vorschläge für Verschärfungen pflegt. In einem Ausmaß, das zu diesem Zeitpunkt noch nicht einmal die FPÖ mitträgt: Als Kurz in einem Interview mit dem deutschen *Stern* vorschlägt, Asylsuchende zunächst auf Inseln wie Lesbos zu internieren und dort zu entscheiden, wer weiter nach Europa darf und wer nicht, geht das Präsidentschaftskandidat Norbert Hofer zu weit: »Ich glaube, das ist eine Maßnahme, die – um es diplomatisch auszudrücken – überzogen ist.«

In der ÖVP verdichtet sich dagegen in dieser Zeit der Wunsch, Kurz solle die Partei übernehmen – schon im Sommer erklärt beispielsweise Schützenhöfer, der junge Minister sei das »Trumpfass« der Partei. Was abseits der Öffentlichkeit nicht bekannt ist: Wie intensiv Kurz und sein innerer Zirkel schon zu diesem Zeitpunkt an (Partei-)Freund und Feind vorbei den Moment vorbereiten, an dem dieses Ass gespielt werden soll – das »Projekt Ballhausplatz« hat längst begonnen.

EIN PLAN, EINE NACHT UND GIRAFFEN

Mitte Jänner 2017 versucht Christian Kern seinen Befreiungsschlag. Einst PR-Experte und Manager in zwei der größten Unternehmen der Republik, weiß der 51-jährige Kanzler, wie wichtig der öffentliche Eindruck ist – »95 Prozent der Politik sind Inszenierung«, wird er später einmal sagen. Ein weiteres Dahinvegetieren wäre fatal. Jetzt, wo die Migrationskrise – 2016 ist mit der Erkenntnis zu Ende gegangen, dass Österreich unter der Asyl-Obergrenze geblieben ist – und die Bundespräsidentenwahl nicht mehr für ein Grundrauschen sorgen, ist die Bühne frei für die Koalition, im Guten wie im Schlechten.

Mit großer Geste stellt Kern in Wels den »Plan A« vor – eine Art (Vor-)Wahlprogramm mit Fokus auf Wirtschaft, Arbeit, Bildung und Innovation. Der SPÖ-Chef schlägt darin Maßnahmen vor, die bis dahin (und später wieder) schon andere gefordert haben – eine Senkung der Lohnnebenkosten beispielsweise, einen Mindestlohn von 1.500 Euro, eine Flexibilisierung der Arbeitszeiten, Recht auf Voll- oder Teilzeit, ein »Einfrieren« der Kosten in der Verwaltung, Investitionen in Kinderbetreuung, Gratislaptops für Schüler, Förderung von Start-ups und so weiter. Es ist ein ambitioniertes Programm, zugeschnitten darauf, in Kombination mit der Manager-Persönlichkeit Kern einen Anker in der wirtschaftsfreundlichen Mitte zu setzen.

Mitterlehner nimmt seitens der ÖVP einige Punkte davon dankbar auf, lehnt andere ab – Kern macht aber weiter Druck: Bis Ende Jänner soll eine Ausweitung des Regierungsprogramms stehen. »Ich bin sehr unzufrieden mit dem, was vorliegt. Unsere Hand ist ausgestreckt, die ÖVP muss entscheiden, ob sie das will«, sagt der Kanzler. Er weiß, der Schwung, das »Momentum« liegt in diesen Tagen auf seiner Seite, SPÖ und FPÖ liegen beinahe Kopf an Kopf in Umfragen, die Volkspartei ist weit abgeschlagen – dass die Sozialdemokraten durch ihr internes Kooperationsverbot mit den Freiheitlichen derzeit keine Koalitionsoption haben, bleibt dabei außer Acht, im Burgenland hat Hans Niessl mit einer rot-blauen Koalition gerade unter Kritik, aber doch das Tabu gebrochen.

Am Wochenende des 28./29. Jänner, kurz nachdem die Bundesversammlung (endlich) den neuen Bundespräsidenten Alexander Van der Bellen angelobt hat, treffen sich die Koalitionspartner zu einem Gipfel, der die Regierungszusammenarbeit retten soll: In den frühen Morgenstunden am Montag einigen sich die Verhandler, angeführt von Kern und Mitterlehner, auf ein Arbeitsprogramm für die verbleibenden eineinhalb Jahre der Legislaturperiode. Unterschrieben von allen Ministern und später auch noch allen Abgeordneten, setzt sich die Große Koalition noch einmal gemeinsame Ziele samt Zeitplan für die Umsetzung.

Darunter sind die Laptops für alle Schüler ebenso wie ein Integrationsgesetz samt Kopftuchverbot im öffentlichen Dienst. Bis Ende des Jahres sollen neue Ökostromgesetze und ein Klima- und Energieplan entwickelt werden, eine »Aktion 20 000« soll als Pilotprojekt öffentliche Jobs für Langzeitarbeitslose schaffen. Die Sozialpartner sollen über Arbeitszeit und Mindestlohn verhandeln, schon 2019 soll die »Kalte Progression« zumindest abgedämpft werden, bei der die Inflation die Steuerzahler aufgrund starrer Grenzbeträge in immer höhere Steuerstufen schwemmt.

Kern und Mitterlehner gehen optimistisch aus den Verhandlungen; in Interviews warnt Kern danach »mögliche Quertreiber«, Abkommen zu torpedieren. »Weil dann wird die nächste Regierung mit Sicherheit nicht mehr aus SPÖ und ÖVP bestehen.«

Er sagt das nicht von ungefähr, bei den Verhandlungen wäre es um ein Haar zum Eklat gekommen: Innenminister Wolfgang Sobotka, mit Kern schon in den vergangenen Monaten mehrmals aneinander gekracht, hatte öffentlich in den Raum gestellt, nur die von ihm verhandelten Kapitel unterschreiben zu wollen, nicht das ganze Programm – was die »Jetzt aber alle zusammen«-Inszenierung gesprengt hätte. Erst nach Druck beider Parteichefs – sogar ein Rauswurf aus der Regierung stand im Raum – unterschreibt Sobotka am Ende doch.

Der Niederösterreicher wird in den darauffolgenden Wochen eine Rolle einnehmen, die Gesprächspartner sowohl von roter als auch schwarzer Seite Jahre später als »Abrissbirne der Koalition« bezeichnen. Unmittelbar nach dem neuen Abkommen ventiliert er etwa eine Verschärfung des Demonstrationsrechts, die mit der SPÖ weder akkordiert noch für sie annehmbar ist – sie enthält etwa eine Haftung des Veranstalters, eine mögliche Untersagung von »Spaßkundgebungen«, aber auch jene von Demos in der Umgebung bestimmter Orte wie Krankenhäusern.

Die Reform kommt nicht – aber der Eindruck bleibt, dass die Koalition nur Stunden nach einem inszenierten Neustart schon wieder öffentlich uneins ist. »Optimal wäre es gewesen, das Thema intern zu erörtern und erst, wenn es ein Ergebnis gibt, nach außen zu gehen«, sagt Mitterlehner zu Sobotkas Vorstoß in einem Doppelinterview, dessen Sinn eigentlich gewesen wäre, Einigkeit zu demonstrieren.

In diesem Modus wird die Koalition die folgenden Wochen verharren – unterbrochen nur durch den Tod von Gesundheitsministerin Sabine Oberhauser an Krebs. An ihrer Stelle holt Kern die bisherige Generaldirektorin für öffentliche Gesundheit, Pamela Rendi-Wagner, in die Regierung.

In der Rückschau wissen wir heute, dass damals längst sehr konkrete Planungen in Gang sind, dass und wie Außenminister Sebastian Kurz die ÖVP-Führung übernehmen, sofort in Neuwahlen gehen und so Bundeskanzler werden solle. Monate später wird der *Falter* unter dem Titel »Projekt Ballhausplatz« Dokumente veröffentlichen, die schon Mitte 2016 von einer minutiösen Planung innerhalb Kurz' Team zeugen, mit wem man kooperieren könne, wer in welchem Bundesland Spitzenkandidat werden (in Niederösterreich steht Wolfgang Sobotka auf Platz 1) und wer wann was kommunizieren solle.

Noch etwas später werden durch Ermittlungen von Staatsanwälten im ÖVP-Umfeld Chats aktenkundig, die darauf hinweisen, dass Kurz' Umfeld an Regierungs- und Parteispitze vorbei langfristig an seinem Aufstieg gearbeitet hat. So veröffentlicht *Profil* 2021 Chats von Schellings Kabinettschef Thomas Schmid: Im April 2016 – kurz vor Khols Wahlniederlage – schreibt er dem Wiener Landesparteichef Gernot Blümel, einem engen Verbündeten Kurz', mehrere Nachrichten: »Ich habe Sebastians Budget um 35 Prozent erhöht«, »Mitterlehner wird flippen«, »Kurz kann jetzt Geld scheißen«.

Das für sich mag nicht viel aussagen – dass das Außenministerium und das darin enthaltene Integrationsressort mitten in der Migrationskrise mehr Budget bekommen, war zu dem Zeitpunkt durchaus schlüssig –, aber zusammen mit Blümels Antwort »Mitterlehner spielt keine Rolle mehr« ergibt das ein Bild, das Mitterlehner selbst später in seinem Buch *Haltung* ebenso darstellen wird: Kurz und sein Netzwerk in der ÖVP hätten seine Arbeit, in der Koalition gute Resultate zu erzielen, gezielt hintertrieben, um später als Profiteure von Streit und Stillstand dastehen zu können.

Darauf deuten auch andere Chatprotokolle hin – berühmt wird etwa Kurz' (damals als Außenminister nun wirklich nicht für derlei zuständig) Antwort auf Schmids Informationen im Sommer 2016, Kern und Mitterlehner würden über eine Bankensteuer einen 1,2 Milliarden teuren Rechtsanspruch auf Nachmittagskinderbetreuung planen: »Gar nicht gut!!! Wie kannst du das aufhalten? (…) Kann ich ein Bundesland aufhetzen?«

Im Mai 2017 ist dann schließlich der Punkt erreicht, auf den viele hingearbeitet haben. Wieder ist es Sobotka, der den

Casus Belli liefert: Im *Kurier* attestiert er Kern »Versagen« als Kanzler und stellt neue Bedingungen in den Raum, unter anderem will er die Abschaffung der Kalten Progression nur dann im Ministerrat nicht beeinspruchen, wenn damit eine Reform des Sozialsystems verbunden ist.

Mitterlehner bezeichnet diese Äußerungen als »nicht hilfreich« – Gerüchte, dass er versucht habe, Sobotka als Innenminister abzulösen, dabei aber am Widerstand der mittlerweile zur niederösterreichischen Landeshauptfrau aufgestiegenen Johanna Mikl-Leitner gescheitert sei, machen ebenso die Runde wie eine bevorstehende Übernahme der Volkspartei durch Kurz. Das seien lediglich Gerüchte, sagt Mitterlehner noch am 9. Mai, »ich bin Parteichef«. In seinem Buch wird er später schreiben, zu diesem Zeitpunkt habe es faktisch längst zwei Parteichefs gegeben – ihn selbst und Kurz, der wöchentlich Meetings abgehalten und Sponsoren für seine Pläne rekrutiert habe. Kurz selbst lässt an diesem Dienstag ausrichten, »Ich beteilige mich nicht an diesem Theater, sowohl in der Regierung als auch in der ÖVP.« Und, wie er intern verlauten lässt: In ihrem aktuellen Zustand wolle er die Partei gar nicht übernehmen.

Am Dienstagabend entscheidet sich Mitterlehner dann um: Die *Zeit im Bild 2* habe ihm mit der Anmoderation »Django – Die Totengräber warten schon« (ein Western aus den 1960ern, aber auch eine Anspielung auf den Coleurnamen Mitterlehners) den letzten Mosaikstein geliefert, wird der Vizekanzler tags darauf sagen. Am Mittwochvormittag eröffnet er als Wirtschaftsminister noch das neue Giraffengehege im republikseigenen Tiergarten Schönbrunn, zu Mittag tritt er vor die Medien und zurück. »Ich bin nicht der Platzhalter, der auf Abruf, bis jemand Zeitpunkt, Struktur und Konditionen festlegt und dem die passen, hier irgendwo agiert«, sagt Mitterlehner, zerrieben zwischen Kerns Inszenierungen auf der einen und gezielten Provokationen auf der anderen Seite. »Es ist unmöglich (…), einerseits Regierungsarbeit zu leisten und gleichzeitig die eigene Opposition zu sein«, sagt Mitterlehner.

Auch Kurz wird von Mitterlehners Schritt in dem Moment überrascht und führt zunächst interne Gespräche; auf ein Angebot Kerns, mit ihm in einer »Reformpartnerschaft« weiterzuregieren, geht er nicht ein. Am Donnerstag treffen die Landeshauptleute in Tirol zusammen, für die sechs ÖVP-Landeschefs bietet Günther Platter Kurz weitgehende Vollmachten an, sollte er die Partei übernehmen. Kurz fordert dafür Zugeständnisse bei Inhalt und Listengestaltung sowie eine schnelle Neuwahl – was ihm der ÖVP-Parteivorstand noch in derselben Woche ohne Diskussionen zugesteht.

Vizekanzler unter Kern will Kurz nicht werden – das übernimmt Justizminister Wolfgang Brandstätter, der bisherige Staatssekretär Harald Mahrer wird Wirtschaftsminister. Kern und Kurz einigen sich auf eine Nationalratswahl am 15. Oktober. Es sollte ein langer Wahlkampfsommer werden.

DIE LETZTEN MONATE IN ROT-SCHWARZ

So aufregend die Wochen und Monate auch sein werden, die dem Koalitionsbruch durch Kurz folgen: Im Nachhinein spricht vieles dafür, dass die Nationalratswahl 2017 bereits in diesem Mai entschieden war. Praktisch über Nacht schießen mit der Ablöse Mitterlehners durch Kurz die Umfragewerte der ÖVP hinauf auf über 30 Prozent, wo sie bis zu Kurz' Rückzug vier Jahre später bleiben werden. Die Wählerbewegung geht fast ausschließlich auf Kosten der Freiheitlichen, deren Höhenflug in diesem Mai endet, sie stürzen vom ersten zurück auf den dritten Platz. Kerns SPÖ bleibt stabil bei um die 27 Prozent. Es ist exakt das Ergebnis, mit dem die drei Parteien fünf Monate später über die Ziellinie gehen werden.

Es ist eine seltsame Zeit: SPÖ und ÖVP sitzen formal noch miteinander in der Regierung, arbeiten aber nicht nur im Wahlkampf, sondern auch auf parlamentarischer Ebene bereits gegeneinander. Kern hatte schon im Voraus angekündigt, sich für einzelne Vorhaben Mehrheiten abseits der Volkspartei suchen zu wollen – mit der Opposition beschließt die SPÖ etwa noch vor dem Sommer die Erhöhung der Hochschulbudgets, im Herbst folgen eine Erhöhung der Studienbeihilfe und die Abschaffung der Anrechnung des Partnereinkommens auf die Höhe der Notstandshilfe.

Apropos Opposition: Sie hat in diesen Wochen ihre eigenen offenen Themen – Grünen-Chefin Eva Glawischnig tritt aus gesundheitlichen Gründen zurück, in ihrer Absenz verliert der langjährige Mandatar Peter Pilz seinen Listenplatz bei einer Kampfabstimmung an einen Kärntner Jungmandatar; Pilz kündigt daraufhin die Kandidatur mit einer eigenen Liste an. Einstweilen entscheidet das Team Stronach, nicht mehr bei der Wahl antreten zu wollen. Die Neos kooptieren Irmgard Griss als Promi-Quereinsteigerkandidatin.

Zwei Momentaufnahmen bringen auf den Punkt, wie dieser Vorwahlsommer in Österreich verlaufen ist. Die Migrationsdebatte, Kurz' Leibthema, beherrscht noch immer die politische Bühne. Im Juli verschärft sich die Lage in Italien wieder, mit Booten kommen zahlreiche Migranten aus Libyen an. Eine schlagwortreiche Forderung Kurz' nach einer »Schließung der Mittelmeerroute« bezeichnet Kern in einem Hintergrundgespräch mangels Durchführbarkeit als »Vollholler«.

Tirol will angesichts der Lage die Kontrollen am Brenner verschärfen – das unterstützt nicht nur Kurz, sondern auch SPÖ-Verteidigungsminister Hans Peter Doskozil, der sich auf roter Seite als Migrations-Hardliner profiliert. Unter anderem steht der Einsatz von Pandur-Radpanzern am Brenner im Raum, um bei Bedarf Straßen sperren zu können. Italien protestiert, Kern muss mit seinem italienischen Gegenüber Paolo Gentiloni telefonieren und Doskozil am Ende zurückpfeifen: Es werde kein militärisches Gerät am Brenner auffahren.

Die andere Momentaufnahme betrifft die »Silberstein-Affäre«, die die letzten Wahlkampfwochen dominieren und das Bild des Wahlkampfs 2017 prägen sollte. Ein von SPÖ-Berater Tal Silberstein engagiertes Team hatte unter anderem Facebook-Seiten erstellt, die zum Schein unter anderem Sebastian Kurz unterstützten, in Wirklichkeit aber gegen diesen instrumentalisiert werden sollten. Informationen darüber gelangen über Umwege an ÖVP-nahe Berater und über diese in die Medien; die SPÖ-Führung muss stückweise zugeben, dass einzelne Mitarbeiter in Kerns Wahlkampfteam an den Aktionen beteiligt waren. Zwei Wochen vor der Wahl tritt Bundesgeschäftsführer und Wahlkampfleiter Georg Niedermühlbichler ab.

Umgekehrt finden Details über Kurz' Organisation innerhalb der ÖVP und in seinem inneren Kreis – das schon erwähnte »Projekt Ballhausplatz« – ebenfalls wenige Wochen vor der Wahl ihren Weg in die Medien. Durch solche Enthüllungen – es wird freimütig mit »Dirty-Campaigning«-Vorwürfen herumgeworfen – bekommt der Wahlkampf 2017 einen schlechten Ruf. Ob der aber gerechtfertigt ist, kann man hinterfragen: Untersuchungen des Vienna Center for Electoral Research an der Universität Wien stellen 2018 fest, dass das Ausmaß an »Negative Campaigning«, gemessen an Presseaussendungen, die sich gezielt gegen Politiker anderer Parteien richten, noch nie so gering war wie vor der Wahl 2017. Das könne, schreibt Politikwissenschaftler Laurenz Ennser-Jedenastik, entweder mit dem von Kurz ausgerufenen »Nicht-Anpatzen«-Stil zu tun haben – oder einfach damit, dass die Kampagnen statt über Presseaussendungen zunehmend über andere Kanäle geführt werden.

Was jedenfalls fix ist: Der Wahlkampf war drei Parteien weit mehr wert, als sie eigentlich hätten ausgeben dürfen: Entgegen der gesetzlichen Kostenobergrenze von sieben Millionen Euro hat die ÖVP unter Kurz fast 13 Millionen Euro ausgegeben, die FPÖ unter Strache 10,7 und Kerns SPÖ 7,4 Millionen Euro. Alle drei Parteien werden 2020 zu Geldbußen verurteilt.

Das Ergebnis am 15. Oktober spiegelt dann, wie gesagt, die Lage nach den Umfragen im Frühling wider – zumindest was die größeren Parteien betrifft: Die ÖVP kommt auf 31,4 Prozent der Stimmen, die SPÖ stagniert bei 26,8 Prozent, die FPÖ liegt mit 26 Prozent knapp dahinter. Am anderen Ende des Spektrums kommt es zu einer größeren Überraschung: Die Grünen fallen mit einem Ergebnis von 3,8 Prozent – ein Absturz um 8,6 Prozentpunkte gegenüber 2013 – aus dem Nationalrat, stattdessen zieht die Liste Pilz knapp ins Parlament ein.

Die Bühne ist in diesem Herbst bereitet für eine neue Koalition unter Kurz und Strache. Und, was zu dem Zeitpunkt noch niemand weiß, nach einem Urlaub Straches auf Ibiza im Juli 2014 auch schon für ihr Ende.

WAS WIR VOM ENDE
DER GROSSEN KOALITION LERNEN KÖNNEN

→ Die zentrale Lektion ist, dass die Gunst der Stunde vergänglich ist – wie zuerst Reinhold Mitterlehner und dann Christian Kern erfahren haben, deren Antrittseffekte in den Umfragen nach ein paar Monaten wieder verschwunden sind. Die Lehre aus ihrem und Sebastian Kurz' Vorgehen ist der politischen Stabilität im Land nur bedingt zuträglich: Wer mit Rückenwind eine Spitzenfunktion übernimmt, sollte »all in« gehen, entweder weitgehende Reformen ausverhandeln oder neu wählen lassen.

→ Wahlkämpfe sind überbewertet gegenüber langfristigen Trends in der Popularität: Der Wahlkampf 2017 mit all seinen schmutzigen Details hat praktisch sehr wenig gegenüber dem Umfragestand zu seinem Beginn geändert.

→ Abermals: Eine Regierung ohne Einigkeit ist ein totes Pferd. Wenn signifikante Mitspieler gegen das gemeinsame Programm arbeiten, wird das auch beim Wähler nichts mehr.

KAPITEL 5

WIE SICH DIE PARTEIEN IM KRISENJAHRZEHNT VERÄNDERT HABEN

→ Wie sich die ÖVP zur Kurz-Bewegung und wieder zurück verwandelte.

→ Die SPÖ: von der Kanzlerpartei zur Chef-Demontagetruppe.

→ Freiheitlicher Höhenflug, Absturz und retour.

→ Die Grünen: aus dem Parlament geflogen, in der Regierung gelandet.

→ Wie die Neos und andere neue Parteien das Spektrum erweitern.

An dieser Stelle bietet es sich an, kurz innezuhalten und einen Gesamtblick darauf zu werfen, wie sich die Parteienlandschaft in Österreich in diesem Jahrzehnt der Krisen verändert hat. Fangen wir mit der ÖVP an, die gleich zweimal einen drastischen Wandel durchlaufen hat. Aus der angestaubten, in Bünde und Ländergruppen zersplitterten Traditionspartei mit Hang zur ausgeprägten Selbstdemontage, die noch 2013 als Juniorpartner der SPÖ mehr schlecht als recht durch die große Koalition stolperte, formt der junge Sebastian Kurz ab 2017 (oder, sagen wir ab 2016) eine straff geführte, auf ihn zugeschnittene »Bewegung«. Oder zumindest erweckt er den Anschein, denn den Mut, auf die Strukturen, das Personal und, nicht zuletzt, das Geld der Volkspartei zu verzichten und mit einer neuen Kraft auf- und anzutreten, hat er dann doch nicht.

Egal ob man Sebastian Kurz für ein großes politisches Talent hält oder ob man findet, dass das Land ohne ihn in Spitzenfunktionen besser dran ist – oder beides –, muss man anerkennen: Dass eine Einzelperson einer Partei einen so beispiellosen Höhenflug beschert, der sich auch auf die Länder und Gemeinden erstreckt, bei denen er gar nicht am Stimmzettel steht, ist selten. Und noch mehr: Dass diese Serie praktisch in der Sekunde endet, in der er nicht mehr an der Spitze steht, ist noch ungewöhnlicher.

Die Methoden, mit denen Kurz seinen Marsch an die Spitze unterstützt hatte, sind ihm 2021 schließlich zum Verhängnis geworden: Wenn man die Chats und andere Dokumente durchschaut, die die Existenz eines »Beinschab-Tools« zur Beeinflussung von Medien durch gefälschte Umfragen nahelegen, oder den beinharten Durchgriff direkt in die Kabinette an der verfassungsmäßigen Macht der Minister vorbei, wird einem klar: Da hat sich im Umfeld dieses Höhenflugs eine ungesunde »Masters-of-the-Universe«-Attitüde breitgemacht. Ob und was davon juristische Konsequenzen hat, wird sich erst zeigen; dass eine solche Geringschätzung staatlicher Strukturen und etablierter Institutionen politisch nicht auf Dauer gut gehen würde, war aber vorhersehbar.

Für die ÖVP ist die Frage nach ihrer Identität nach dem jähen, von den Grünen und Landeshauptleuten erzwungenen Rücktritt Kurz' im Jahr 2021 existenziell geworden: Was ist die Volkspartei ohne ihn? Die Antwort, die die letzten beiden Jahre nahelegen, scheint zu sein: wieder die gute, alte Volkspartei, die unter dem feschen türkisen Lack immer weiterexistiert hat. Landeshauptleute und Bünde, die plötzlich der Bundespartei wieder öffentlich ausrichten, was zu tun wäre und was nicht, die dröge Klientel-Logik: Es ist, als wäre die ÖVP eigentlich nie weg gewesen.

Die ÖVP zeigt – ähnlich wie zuvor die SPÖ, nachdem Kern abhandengekommen war – das große Risiko charismatischer Führung auf: Kurz krempelt Parteistatuten und Gremien um, bis praktisch alle Fäden bei ihm zusammenlaufen. Quereinsteiger ohne eigene Hausmacht in Bünden oder Ländern hievt er in Spitzenpositionen, von ihnen (oder zumindest ihren handverlesenen Teams) hat er unbedingte Loyalität zu erwarten. Garniert mit der »Message Control«, streng orchestrierter öffentlicher Kommunikation, ist alles auf die Nummer eins zugeschnitten. Das Problem: Wenn diese eins plötzlich weg ist und das ganze System offen für alle zu sehen ist, fällt das ganze Werk auseinander.

Es funktioniert jedenfalls am Anfang ausgezeichnet: Aus dem Stand fährt Kurz bei der Nationalratswahl 2017 31,5 Prozent ein, ein Plus von 7,5 Punkten. Die ÖVP wird wieder stärkste Kraft und Kurz mit 31 Jahren Kanzler einer rechts-konservativen Koalition mit der FPÖ. Umfragen sehen die Volkspartei bald bei 35, gar 40 Prozent. Mit großen Gesten wie dem EU-Ratsvorsitz inszeniert sich Kurz als Staatsmann, seine Beliebtheitswerte steigen in lichte Höhen.

Als ihn das Ibiza-Video seines Vizekanzlers Heinz-Christian Strache im Mai 2019 kalt erwischt, sieht Kurz die Chance, die FPÖ, den logischen Konkurrenten im selben Wählersegment, langfristig zu schwächen: Er wirft sie aus der Regierung, die folgende Neuwahl zahlt sich für ihn voll aus: Die ÖVP erzielt ihr bestes Ergebnis seit 2002 und Kurz schmiedet eine Neu-auflage mit den Grünen.

Doch dann kommt Corona und stellt auch Kurz' Regierung vor eine beispiellose Herausforderung. Anfängliche Erfolge im Pandemiemanagement bröckeln bald, das ewige Hü und Hott zwischen Öffnungen, neuen Lockdowns und groß an-gekündigten »Gamechangern« zermürbt Bevölkerung und Koalition. Aber selbst diese Phase bringt keinen dramatischen Absturz – erst die Chats und Kurz' Rücktritt führen dazu, dass die Partei ihren Glanz verliert.

Ohne sein Zugpferd scheint das türkise Projekt vorerst am Ende. Karl Nehammer schafft den Spagat bisher nicht, sich einerseits von den Schattenseiten des Kurz'schen Systems zu distanzieren und andererseits dessen Schwung auf sich selbst und seine Partei zu übertragen.

Ob der Rückgriff auf das altbewährte System – »Wir sind die Partei der Bürgermeister, der Funktionäre« hört man auf die Frage oft, wofür die ÖVP heute stehe – eine Basis für künftigen Erfolg sein kann, scheint fraglich. Ja, die Partei kann dank ihrer breiten Verankerung noch immer auf ein treues Kernwähler- und Funktionärsmilieu bauen. Da diese Generation aber stetig schrumpft, braucht es mittelfristig wohl mehr als nur ein »Weiter so«, um langfristig die 30 Prozent zu knacken. Eine Aufarbeitung der »System-Kurz«-Ära samt Lehren für die Zukunft steht zudem noch aus.

Die Frage, wofür die ÖVP künftig stehen will – und mit wem an der Spitze – ist noch unbeantwortet. Genauso wie die Frage nach Schmerzgrenzen: Dass die Partei nach Kurz' Popularität Stimmen verlieren wird, ist praktisch unvermeidlich. Aber ob das Ziel nur sein kann »Wir wollen stärker als die SPÖ werden«, ob sogar dieses Ziel zu hochgesteckt ist und wie es eine geschwächte Volkspartei, vielleicht unter neuer Führung mit einer immer radikaleren FPÖ halten wird, ist heute völlig offen. Dass die ÖVP wandlungsfähig ist, hat sie in ihrer langen Geschichte oft bewiesen. Diese Fähigkeit wird sie auch in Zukunft brauchen.

SPÖ: ZWISCHEN KANZLERSEHNSUCHT UND KERNWÄHLER-BLUES

Für die SPÖ waren die Jahre zwischen 2014 und 2024 eine Berg- und Talfahrt. Zwar stellt sie bis 2016 mit Werner Faymann den Bundeskanzler einer großen Koalition, doch glücklich ist in der SPÖ damit kaum jemand mehr. Umfragewerte unter 25 Prozent alarmieren die Partei, die unterschiedlichen Positionen zur Migrationsfrage drohen die Sozialdemokratie an den Nähten zu zerreißen. Faymann muss nach einer Meuterei in den eigenen Reihen das Feld räumen.

Mit dem ehemaligen ÖBB-Chef Christian Kern schickt die SPÖ einen Nicht-ganz-Quereinsteiger und Hoffnungsträger ins Rennen, der die müde Partei mit seinem »Plan A« aufpeppen will. Er verpasst den Moment, die ÖVP Anfang 2017 in eine Neuwahl zu treiben und reibt sich in der zerfallenden Großen Koalition auf – auch dank polittaktischem Ungeschick.

Nach der Wahl, bei der sich die SPÖ auf Kosten der Grünen auf ihrem bisherigen Niveau halten konnte, muss die Partei in die Opposition – eine Rolle, für die weder die über Jahre vom Kanzleramt aus dirigierte Partei noch die Person Kern besonders geeignet sind. Kern schmeißt in einem chaotischen Abgang Ende 2018 hin, die Ärztin und Beamtin Pamela Rendi-Wagner übernimmt. Unter ihrer Führung stürzt die SPÖ Kurz nach dem Ende der türkis-blauen Koalition per Misstrauensantrag – es bringt ihr aber ein Debakel bei der Nationalratswahl 2019 ein, als die unter Kern »geborgten« Wähler scharenweise zu den Grünen zurückkehren.

In der Corona-Krise bewahrt die SPÖ staatstragende Haltung, als die FPÖ längst auf Frontalopposition abgebogen ist – nicht zuletzt Rendi-Wagner und ihrem beruflichen Hintergrund ist es zu verdanken, dass die Partei häufig an der Seite der Koalition steht, wenn Maßnahmen gegen die Seuche eine Zweidrittelmehrheit erfordern. Auch als am Achensee die Impfpflicht beschlossen wird, unterschreiben die drei SPÖ-Landeshauptmänner von Wien, Kärnten und dem Burgenland mit.

Das schadet ihr aber nicht, im Gegenteil: Nach dem Absturz der ÖVP infolge Kurz' Rückzug steigt die SPÖ in Umfragen während des Jahres 2022 bis an die 30-Prozent-Marke auf. Mitte des Jahres liegen in der Sonntagsfrage fast zehn Prozentpunkte zwischen ihr und der geschwächten ÖVP sowie der noch nicht wiedererstarkten FPÖ. Mangels einer Nationalratswahl kann die SPÖ diese Stärke aber nicht verwerten. Ab Ende 2022 sinken ihre Werte wieder, seit Mitte 2023 liegt sie in Umfragen nur noch etwa gleichauf mit der ÖVP bei knapp über 20 Prozent.

Es ist schwer, diesen Abstieg ohne die öffentliche Demontage Rendi-Wagners durch Hans Peter Doskozil zu sehen. Der ehemalige Polizist, Verteidigungsminister und nunmehr burgenländische Landeshauptmann drängt seit Jahren darauf, dass die SPÖ in ein bisher eher rechts orientiertes Wählermilieu hineinstrahlen müsse, um eine Mehrheit abseits der ÖVP zu erlangen und sich dazu unter anderem einen restriktiven Migrationskurs auf die roten Fahnen schreiben müsse. Außerdem sitzt die Medizinerin nicht besonders fest im Sattel: Als sie 2020 eine Mitgliederbefragung ansetzt, um sich ihre Kritiker vom Leib zu halten, erhält sie gerade einmal eine Zustimmung von 71,4 Prozent – ohne Gegenkandidaten.

Über Jahre stichelt Doskozil gegen Rendi-Wagner und seine Gegner in Wien, widerspricht in Interviews der Parteilinie, lässt seine Landespartei sogar in einer Umfrage erforschen, wie er – statt Rendi-Wagner – als Kanzlerkandidat der SPÖ abschneiden würde. Anfang 2023 kommt es endgültig zum Bruch: Im März bewirbt Doskozil sich formal um den Parteivorsitz, es soll eine weitere Mitgliederbefragung geben. Der Rest ist Geschichte: Aus dem Duell wird ein Dreierrennen, Doskozil gewinnt hauchdünn mit 33,7 Prozent der Stimmen vor dem neuen Mitbewerber, Traiskirchens Bürgermeister Andreas Babler mit 31,5 Prozent und Rendi-Wagner mit 31,4 Prozent.

Rendi-Wagner ist damit aus dem Spiel, sie wird künftig die EU-Seuchenbehörde ECDC leiten. Babler und Doskozil treten auf einem Parteitag gegeneinander an, die Kampfabstimmung um den Parteivorsitz gewinnt am Ende Babler – nachdem Doskozil sich eines Auszählfehlers wegen eineinhalb Tage lang als Gewinner fühlen durfte.

Babler, auch für SPÖ-Verhältnisse ein erklärter Linkspolitiker und charismatischer Redner ohne Erfahrung in der

Bundespolitik, hat die Umfragewerte der Partei bisher kaum gehoben. Die SPÖ matcht sich noch immer mit der Volkspartei um Platz zwei, von einer gemeinsamen Mehrheit sind sie kurz vor der Nationalratswahl im Herbst 2024 weit entfernt.

In der Partei heißt es, der Traiskirchner tue der »linken Seele« der Partei gut – ob das reicht, der SPÖ wieder Einfluss zu verschaffen, Wahlsiege zu erzielen oder zumindest in eine Koalition zu kommen, wird wohl entscheidend dafür sein, ob Babler seinen Job lange behält – oder ob Doskozil, entgegen seinen Beteuerungen, mit der Bundespolitik abgeschlossen zu haben, nicht doch noch eine Chance bekommt.

FPÖ – ZURÜCK VON DER INSEL

Heinz-Christian Strache, der Zahntechniker aus Wien, hatte die FPÖ in einer schwierigen Stunde übernommen: 2005, nachdem der blaue Übervater Jörg Haider sich mit seinem BZÖ abgespalten hatte, um die Regierung mit Wolfgang Schüssels ÖVP fortzusetzen, stieg Strache zum Bundesparteichef auf; bei der Nationalratswahl 2006 holte er trotz der Spaltung elf Prozent der Stimmen und ließ damit Haiders BZÖ hinter sich. Von da an gab es für die Freiheitlichen nur noch eine Richtung: nach oben.

Als Sebastian Kurz Strache und die FPÖ 2017 in die Bundesregierung holt, ist es für Strache tatsächlich die Erfüllung eines lang gehegten Traums: Als Vizekanzler gibt der langjährige Krawall-Oppositionschef plötzlich den Staatsmann, genießt den Job sichtlich. Abseits aller politischen Überlegungen: Die persönliche – selbst verschuldete – Tragödie vom Aufstieg Straches in sein eigenes Ministerbüro am Minoritenplatz und dann der harte Fall nach Veröffentlichung des Ibiza-Videos ist menschlich harter Tobak.

In den Wochen nach seinem Rücktritt und dem unfreiwilligen Aus der freiheitlichen Regierungsbeteiligung kämpft Strache noch um seinen Status in der Partei. Durchaus mit Druckmitteln in der Hand: Die Facebook-Seite von HC Strache ist bis dahin der reichweitenstärkste Kommunikationskanal der Freiheitlichen. Außerdem hat sich Strache symbolisch auf den letzten Listenplatz der freiheitlichen Europawahl-Kandidaten schreiben lassen. Trotz seines Rücktritts am Wochenende vor der Wahl erhält er mehr als 45 000 Vorzugsstimmen – und damit genug, um ihm ein Mandat zu sichern. Er verzichtet schließlich darauf, es anzunehmen. Bei der Nationalratswahl wird dann allerdings seine damalige Frau Philippa auf einen sicheren Listenplatz gesetzt (sie ist auch heute noch parteifreie Abgeordnete).

Zum endgültigen Bruch mit der Partei, die lange »seine« war, kommt es erst kurz vor der Nationalratswahl im September 2019: *Profil* veröffentlicht Vorwürfe, Strache habe private Ausgaben in beträchtlichem Ausmaß als Spesen der Partei weiterverrechnet. Politikbeobachter halten es für möglich, dass der Absturz der FPÖ bei der Wahl mehr auf diese Vorwürfe zurückzuführen ist als auf das Ibiza-Video. Jedenfalls entscheidet die Wiener Landespartei nach der Wahl Ende 2019 Strache auszuschließen.

Es sollte eine Weile dauern, bis die Freiheitlichen wieder zur Ruhe kommen. Norbert Hofer als gemäßigtes Gesicht der FPÖ und Herbert Kickl als scharfer Ex-Innenminister ringen um Straches Erbe. Hofer setzt sich zunächst als Parteichef durch, Kickl übertrifft als Gesicht des freiheitlichen Widerstands gegen den Rausschmiss durch Kurz schon bei der Nationalratswahl 2019 Straches Vorzugsstimmenergebnis. Bis

2021 dauert die Auseinandersetzung der beiden, Kickl setzt sich schließlich durch und führt die Partei nun nach seinem Geschmack.

Dabei spielen der FPÖ mehrere Faktoren in die Hände: Neben den Ermittlungen und veröffentlichten Protokollen, die 2021 schließlich zum Rücktritt Kurz' führen sollten, hat sich die Partei sehr früh als (einzige) Fundamentalopposition gegen die Corona-Maßnahmen positioniert. Ist Kickl zu Anfang der Pandemie noch einer der ersten, der einen Lockdown für Österreich fordert, schwenkt die FPÖ in den folgenden Monaten sehr schnell auf Kritik an ihrer Meinung nach »überzogenen« Maßnahmen um und geißelt die Regierung als »Corona-Diktatur«. Damit fischt sie nach Stimmen von den Maßnahmen Frustrierter, entfremdet sich aber von bürgerlichen Wählern. Die Partei wirkt zunehmend wie ein Sammelbecken von Verschwörungstheoretikern und Extremisten, auch Kontakte zu Organisationen wie den »Identitären« sind eng wie nie zuvor.

Ein ähnliches Manöver wie während der Pandemie verfolgen die Freiheitlichen in der Ukraine-Krise, wo sie sich als Einzige explizit gegen die Unterstützung der Ukraine durch Österreich und die EU stellen – und auch hier von breitem Frust der durch Teuerung geplagten Bevölkerung profitieren.

In den Umfragen führen die Freiheitlichen nach diesen Krisen wieder, anscheinend uneinholbar rund um die 30 Prozent der Stimmen. Aus heutiger Sicht scheint die Frage weniger, ob sie bei der Nationalratswahl Erste werden, sondern vielmehr, ob sie aus diesem Sieg etwas machen können. ÖVP und SPÖ haben eine Zusammenarbeit mit Kickl ausgeschlossen. Und auch, ob Bundespräsident Alexander Van der Bellen Kickl überhaupt noch einmal als Regierungsmitglied angeloben würde, ist offen.

Andererseits kooperiert die ÖVP inzwischen in drei Landesregierungen – Salzburg, Oberösterreich und dem schwarzen Herzland Niederösterreich – mit den Freiheitlichen, Kickl hin oder her.

DIE GRÜNEN – FROM ZERO TO HERO

Was für ein Kontrastprogramm: 2017, nachdem einer von ihnen gerade Bundespräsident geworden ist, fliegen die österreichischen Grünen nach mehr als 30 Jahren aus dem Nationalrat – eine Zäsur in der Parteienlandschaft. Der Rücktritt von Langzeitchefin Eva Glawischnig hatte ein Führungsvakuum hinterlassen, Flügelkämpfe und Intrigen – kurz zuvor hatte die Partei ihre eigene Jugendorganisation hinausgeschmissen – lähmen die Partei. Eine geringe Öffentlichkeit bleibt: Die Landesorganisationen unterstützen die Bundesgrünen, mit zwei Sitzen im Bundesrat verbleibt der Partei immerhin eine Restpräsenz im Parlament.

Doch die Partei überrascht mit beachtlichen Comeback-Qualitäten. Werner Kogler, eigentlich Budgetexperte und Aufdecker im Hypo-U-Ausschuss, bringt als neuer Chef und Frontmann Ruhe in die Partei. Durch den Wegfall vieler ehemaliger Abgeordneter vollziehen die Grünen einen (unfreiwilligen) Generationenwechsel. 2019 ist die Themenlage weit günstiger für die Partei: Die Klimakrise rückt stärker ins Zentrum der Öffentlichkeit – und wird zum neuen Mobilisierungsthema der Grünen. Zumindest indirekt unterstützt von einer wachsenden Fridays-for-Future-Bewegung gelingt ihnen bei der Nationalratswahl 2019 mit 13,9 Prozent ein fulminantes Comeback.

In einer Koalition mit der ÖVP müssen die Grünen ab 2020 schmerzhafte Zugeständnisse machen, etwa bei Asylrecht und Steuerpolitik. Dafür setzen sie in der Klimapolitik neue Akzente, etwa mit der CO_2-Bepreisung oder dem international beachteten »Klimaticket«. Die Regierungsverantwortung zwingt die frühere Protestpartei zu einem pragmatischeren Kurs – der im Zusammenspiel von Klubobfrau Sigrid Maurer mit ihrem ÖVP-Gegenpart August Wöginger allerdings bis zuletzt gut funktioniert.

Im Nachhinein wird sich als einer der Schlüsselmomente dieser Koalition herauskristallisieren, dass die Grünen das Justizministerium fordern und bekommen: Ohne die juristische Aufarbeitung der Vorwürfe gegen Kurz und andere ÖVP- und FPÖ-Politiker durch die Wirtschafts- und Korruptionsstaatsanwaltschaft würde die Regierung heute wohl fundamental anders ausschauen, Kurz wäre wohl noch im Amt. Und ob das ohne die Rückendeckung durch Justizministerin Alma Zadić (bzw. Kogler, der sie während ihrer Babypause vertritt) so gekommen wäre, ist äußerst fraglich.

Ebenfalls fraglich ist, wie es mit den Grünen weitergeht: Im Licht der geopolitischen Verwerfungen der vergangenen Jahre und Monate ist die Klimakrise gegenüber noch akuteren Problemen wie Inflation, Aufrüstung und Wettbewerbsfähigkeit etwas in den Hintergrund getreten. Besonders infolge der grünen Regierungsbeteiligung in Deutschland (wo die Partei im Vergleich zu den österreichischen Grünen weitaus ideologisierter und weniger pragmatisch auftritt) ist grüne Politik zum Lieblingsfeindbild rechter und konservativer Kampagnen geworden. Und in den letzten Monaten der türkisgrünen Koalition hat sich beiderseits eine merkliche Frustration miteinander eingestellt – die gemeinsame Mehrheit ist in den Umfragen ohnehin längst dahin.

All das sind eher keine guten Voraussetzungen für eine neuerliche Regierungsbeteiligung der Grünen.

Es mag überraschen, dass ausgerechnet die jüngste Partei im Parlament in den vergangenen zehn Jahren auch die stabilste war. Die Neos haben 2019 ihren Stimmanteil gegenüber ihrem ersten Einzug in den Nationalrat 2013 mit 8,10 Prozent beinahe verdoppelt, in Umfragen kratzten sie zuletzt an der Zehn-Prozent-Marke. Die Übergabe der Parteiführung von Matthias Strolz an Beate Meinl-Reisinger ging praktisch friktionsfrei über die Bühne; in den vergangenen Jahren hat sich die liberale Partei einen guten Ruf für solide Oppositionsarbeit (etwa in U-Ausschüssen) erworben und stellt mittlerweile in einer rot-pinken Koalition mit Christoph Wiederkehr den Wiener Vizebürgermeister.

Was den Neos bisher verwehrt geblieben ist: eine Regierungsbeteiligung im Bund. Die Chancen stehen aus heutiger Sicht allerdings nicht schlecht; aufgrund der Schwäche der ehemaligen Großparteien ÖVP und SPÖ und deren bisheriger Weigerung, mit der FPÖ zusammenarbeiten zu wollen, könnten sie bald eine dritte Partei brauchen, um die erforderliche Mehrheit im Nationalrat zu bekommen. Gut möglich, dass dann die Stunde der Neos schlägt.

Es kann aber natürlich auch ganz anders kommen. Österreichs Parteienlandschaft ist in Bewegung, allein im Parlament waren in den vergangenen zehn Jahren neben den genannten Parteien auch noch die Klubs des Team Stronach und der Liste Pilz/JETZT vertreten – im Gegensatz zu den gut organisierten Neos keine Stabilitätsfaktoren, aber ein deutliches Zeichen, dass am Wählermarkt viel in Bewegung ist.

Dazu kommt, dass aktuell zumindest zwei kleineren Parteien gute Chancen attestiert werden, es 2024 in den Nationalrat zu schaffen: Bei der Bundespräsidenten-Wiederwahl

Van der Bellens 2022 kam Dominik Wlazny, ein 35-jähriger Arzt, Musiker und Unternehmer, bundesweit auf 8,3 Prozent der Stimmen. Seine »Bierpartei« könnte es ebenso über die Vier-Prozent-Hürde schaffen wie Vertreter der Kommunistischen Partei Österreichs, die in den vergangenen Jahren in Graz und Salzburg Wahlerfolge feiern konnte.

KAPITEL 6

DIE KURZE ÄRA TÜRKIS-BLAU

→ Wie Kurz es mit neuer, kontrollierter Atmosphäre versucht hat.

→ Wie viel von den Reformen der ÖVP-FPÖ-Koalition übriggeblieben ist.

→ Wie das Ibiza-Video der Partnerschaft ein schnelles Ende beschert hat.

Mit heutigem Wissen ist es nicht gerade einfach, die Koalition zwischen Sebastian Kurz' ÖVP und Heinz-Christian Straches FPÖ aus damaliger Sicht zu betrachten und zu bewerten: Ihr aufsehenerregendes Ende im Mai 2019 überschattet ihren gerade einmal eineinhalb Jahre langen Bestand einfach bei Weitem.

Eine Woche nach der Nationalratswahl im Oktober 2017 entscheidet Kurz nach Sondierungsgesprächen mit allen Parteichefs, formale Koalitionsverhandlungen mit der FPÖ aufzunehmen. Überraschend kommt das für niemanden – zwischen ÖVP und SPÖ ist schon in den vorigen Koalitionen viel Porzellan zerbrochen, der Wahlkampf hat mit dem Rest aufgeräumt. Außerdem passen weder das Programm der neuerdings türkisen Volkspartei – breite Steuersenkungen, Kürzungen bei Sozialleistungen für Migranten, eine klare Absage an Vermögens- und Erbschaftssteuern – noch die Atmosphäre, mit der es verkauft werden soll – ein »neuer Stil«, eine Absage an die bisherige Regierungsarbeit – zu einer Fortsetzung mit der Sozialdemokratie.

Keine zwei Monate später steht die Koalition von ÖVP und FPÖ. Es ist politisch aber auch abseits der Regierungsverhandlungen ein ereignisreicher Herbst: Der Verfassungsgerichtshof (VfGH) entscheidet, dass ab 2019 die Ehe auch Homosexuellen offenstehen soll – eine Entscheidung, die die neue Koalition so wahrscheinlich nicht getroffen hätte. Im neuen Parlament tut sich ebenfalls einiges: Die ÖVP nominiert zunächst die bisherige Generalsekretärin und EU-Parlamentarierin Elisabeth Köstinger als Nationalratspräsidentin, formal das zweithöchste Amt im Staat. Schon bei ihrer Wahl, die – wie üblich – dem Wunsch der stärksten Partei folgt, übt die Opposition Kritik, die enge Kurz-Vertraute sei zu unerfahren und zu wenig Parlamentarierin für die Funktion, außerdem wolle sie den Job eigentlich gar nicht. Eine Vermutung, die sich wenig später bestätigen sollte: Sobald die Regierung steht, wird Köstinger Landwirtschaftsministerin, der bisherige Innenminister Wolfgang Sobotka – ein kompletter Parlamentsneuling – übernimmt die Präsidentschaft im Parlament.

Auch in der Opposition gibt es Rochaden: Peter Pilz nimmt sein Mandat auf der Liste seiner neu gegründeten Partei nicht an, nachdem Medien über (nie angezeigte und verjährte) Vorwürfe sexueller Belästigung gegen ihn berichten. Und Hans Peter Doskozil, erst Anfang des Jahres zum Verteidigungsminister aufgestiegen, wechselt als Finanzlandesrat und designierter Nachfolger von Landeshauptmann Hans Niessl ins rot-blau regierte Burgenland.

In der Zwischenzeit signalisiert die FPÖ erneut recht deutlich, wie sie es mit Russland hält – erst Ende 2016 hatten die Freiheitlichen einen Freundschaftsvertrag mit Präsident Wladimir Putins Partei »Einiges Russland« unterzeichnet. Nun besuchen mitten während der Verhandlungen mit der ÖVP zwei blaue Mandatare die seit 2014 von Russland okkupierte ukrainische Halbinsel Krim. Die russische Nachrichtenagentur TASS zitiert die beiden nach Teilnahme an einer Veranstaltung des Vereins »Freunde der Krim« mit den Worten »unser Ziel ist es, die traditionell guten Beziehungen zwischen Österreich und Russland weiterzuentwickeln und die Sanktionen abzuschaffen«. Sanktionen, die aufgrund der seit 2014 dauerhaft laufenden militärischen Aggression Russlands gegen die Ukraine verhängt wurden. Die ÖVP protestiert zwar förmlich – Österreich stehe zu den Sanktionen –, überlässt wenig später aber trotzdem der von der FPÖ nominierten Karin Kneissl das Außenministerium.

Am 15. Dezember präsentieren Kurz und Strache schließlich ihre Einigung und Mannschaft. Schon die Tage und Wochen davor haben Schemen davon erkennen lassen, wie sie sich kommunikationstechnisch organisieren werden: Stückchenweise bekommen Medien Teilinformationen aus den Verhandlerteams, worauf man sich schon geeinigt habe, dass hier eine Steuersenkung kommen solle, da eine Erhöhung der Pensionen und so weiter. Solche beabsichtigten »Leaks« gab es natürlich immer schon – aber unter der professionalisierten Kommunikationsarbeit der Regierungen Kurz, die später als »Message Control« bekannt wird, nimmt sie eine zentrale strategische Rolle ein. Es geht nicht mehr nur darum, einen guten Eindruck von der Regierungsarbeit zu vermitteln, sondern bezweckt auch, durch gezielte zeitliche Streckung dieser Informationshappen anderen Themen – Kritik der Opposition, Patzer im eigenen Team, »Einzelfälle« beim Koalitionspartner – wenig Platz zu lassen, den Diskursraum durch die ständige Inszenierung von Regierungsarbeit zu dominieren, vielleicht sogar zu steuern.

Programmatisch setzt die Koalition über weite Strecken auf Populäres und Populistisches: Einkommens- und Körperschaftssteuern sollen sinken, das bereits beschlossene Rauchverbot wieder aufgehoben werden, erfolgreiche Volksbegehren – mit 900 000 Unterschriften oder mehr – sollen zwangsweise zu einer Volksabstimmung führen. »In der Verwaltung« und bei Sozialleistungen für Migranten will man dagegen sparen.

Personell fällt auf, dass die ÖVP-Regierungsmannschaft abseits Kurz' innerem Zirkel (Köstinger und der Wiener ÖVP-Chef Gernot Blümel) aus Quereinsteigern ohne politische Basis abseits ihrer Loyalität zu Kurz besteht: Finanzminister wird etwa Uniqa-Manager Hartwig Löger, Bildungsminister der Universitätsprofessor Heinz Faßmann, der einst Kurz' Migrationsbeirat geleitet hatte. Im Justiz- und Verfassungsministerium nominiert die ÖVP Josef Moser, bis kurz davor noch Rechnungshofpräsident.

In Untersuchungsausschüssen und Ermittlungsakten wird sich später zeigen, dass die jeweiligen Ministerbüros, die diesen parteilosen Quereinsteigern von der Partei zugeteilt werden, stets im direkten Austausch mit dem Kanzleramt stehen und teilweise an ihren Ministern vorbei arbeiten – was Kurz als Kanzler eine weit stärkere Kontrolle über die Ressorts gibt, als ihm der Verfassung nach eigentlich zukommt. Denn diese sieht den Bundeskanzler (anders als z. B. in Deutschland) eigentlich nur als »Ersten unter Gleichen«.

Währenddessen setzen die Freiheitlichen (mit Ausnahme Kneissls) auf bewährte Parteikader. Das Infrastrukturministerium übernimmt etwa Ex-Bundespräsidentschaftskandidat Norbert Hofer, Parteigeneral Herbert Kickl wird Innenminister, der steirische Landesparteichef Mario Kunasek wird Verteidigungsminister und so weiter. Auch wenn es nie offiziell bestätigt wird: Dem Vernehmen nach hat Bundespräsident Alexander Van der Bellen schon im Vorfeld bestimmte blaue Personalwünsche ausgeschlossen, FPÖ-Generalsekretär Harald Vilimsky etwa – oder Johann Gudenus, der dafür im Nationalrat Klubobmann wird.

Durch die Ermittlungen der Wirtschafts- und Korruptionsstaatsanwaltschaft, die teils schwer verfeindeten Beschuldigten in diesen Verfahren, die alle Akteneinsicht haben, und mehrere Untersuchungsausschüsse weiß die Öffentlichkeit wahrscheinlich mehr über die Realität der türkis-blauen Regierung als über jede andere. Zum Beispiel über den »Sideletter«, in dem sich die Parteien ausgemacht hatten, wer in den nächsten Jahren welche Posten vergeben dürfe, am Verfassungsgerichtshof, in der EU-Kommission, im ORF-Stiftungsrat, in der Nationalbank und so weiter.

Oder dass hinter der Fassade der Message Control, die das Bild einer eifrig arbeitenden, im Gegensatz zur Großen Koalition keinesfalls streitenden Regierung suggeriert, teils heftig gestritten wird. In einer Chatgruppe von Kurz, Strache und anderen Spitzen der Koalition beschwert sich der Vizekanzler in später zuerst vom *Standard* veröffentlichten Chats beispielsweise einmal darüber, dass eine von den Freiheitlichen gewünschte Erhöhung der Mindestpension auf 1.200 Euro noch nicht umgesetzt ist: »Es ist traurig, dass ich mich leider nicht auf dein gegebenes Wort verlassen kann«, und weiter: »Wenn das euer neuer Stil ist, weiß ich nicht, wohin das führen soll. Ist kein fairer und ehrlicher partnerschaftlicher Umgang mit mir und uns!« Ein anderes Mal kritisiert Strache Kurz wegen seiner öffentlichen Schelte für die FPÖ-Kontakte zu den rechtsextremen »Identitären«: »Ich kann dich nur bitten, uns heute nichts auszurichten.« Stattdessen wünscht sich Strache, von Kurz in Schutz genommen zu werden: »(…) und einmal mehr würde ich mir wünschen, wenn du sagst: Ich arbeite mit den freiheitlichen Regierungsmitgliedern seit einem Jahr und vier Monaten zusammen und ich weiß, das sind keine Rechtsextremisten!«

Wenige Wochen nach dieser Unterhaltung wird die Koalition schon wieder enden. Kurz wird dann sagen: »Für diese inhaltlichen Erfolge war ich bereit, viel auszuhalten, viel in Kauf zu nehmen. Vom Rattengedicht über die Nähe zu radikalen Gruppierungen bis hin zu immer wieder auftauchenden Einzelfällen.« Aber bevor wir dazu kommen, werfen wir einen Blick darauf, was die türkis-blaue Koalition in ihren eineinhalb Jahren umsetzt – und was davon bis heute übrig ist.

So gut wie jede Regierungskoalition hinterlässt inhaltlich das, was man nach ihrem Ende gern als »eine gemischte Bilanz« tituliert: Viele Dinge aus dem Regierungsprogramm werden umgesetzt, andere scheitern in den Detailverhandlungen. Manches liquidiert nach ein paar Monaten oder Jahren gleich die nächste Koalition, einiges kippen die Höchstgerichte nach intensiver Prüfung wieder.

Und genau so ist es auch mit der türkis-blauen Koalition. Einige ihrer Reformen – das ist immerhin außergewöhnlich – werden sogar noch vor der nächsten Nationalratswahl zurückgenommen.

Das komplette Rauchverbot in der Gastronomie beispielsweise, gegen das Strache besonders vehement eintritt, und das die Koalition 2018 unter heftigem Protest von Ärzten abschafft – ein Volksbegehren für das Verbot erreicht fast 900 000 Unterschriften, bleibt aber vorerst ungehört. Erst nach Ende der Koalition besinnt sich die ÖVP und stimmt für die Wiedereinführung, ab November 2019 gilt ein totales Rauchverbot in der Gastronomie.

Auch kleinere Experimente werden sang- und klanglos zurückgenommen, in der Politik nichts wirklich Neues – die noch unter Rot-Schwarz 2017 initiierte »Aktion 20 000« für Langzeitarbeitslose zum Beispiel hat die türkis-blaue Koalition selbst Anfang 2018 ersatzlos gestrichen. Herbert Kickls Projekt einer berittenen Polizei streicht sein Nachfolger Wolfgang Peschorn im Herbst 2019 wegen zu hoher Kosten, die keinem erkennbaren Nutzen gegenüberstünden. Die ebenfalls von Kickl angebrachten »Ausreisezentrum«-Schilder an den Asyl-Erstaufnahmezentren in Traiskirchen und Thalham, bloße Symbolakte, werden schon eine Woche nach seiner Entlassung aus dem Ministerium wieder abmontiert. Die Teststrecken für Tempo 140 hingegen, die Hofer als Verkehrsminister verordnet, werden bis in die ersten Wochen der türkis-grünen Koalition überleben.

Dann sind da etliche türkis-blaue Reformen, die bis heute, 2024, in Kraft sind – einige davon bemerken weite Teile der Bevölkerung auch im Alltag. Zum Beispiel die Herbstferien-Regelung: Auch wenn der Fleckerlteppich der »schulautonomen Tage« abhängig davon bestehen bleibt, wie der Kalender jedes Jahr fällt, sind jetzt zumindest die acht Tage von 26. Oktober bis 2. November bundesweit einheitlich schulfrei – auf Kosten der bis dahin freien Dienstage nach Ostern und Pfingsten. Eine Regelung, die sich vor allem die Tourismuswirtschaft gewünscht hatte und an der wohl auch niemand mehr rütteln wird.

Weit umstrittener ist das, was als »Flexibilisierung der Arbeitszeiten« die politische Sommerdebatte 2018 dominiert und zu breiten Gewerkschaftsprotesten führt: Unternehmen können in Ausnahmefällen dank eines türkis-blauen Beschlusses nun auch vorübergehend Arbeitstage von bis zu 12 Stunden anordnen. (Christian Kerns »Plan A« hatte 2017 eine ähnliche Möglichkeit vorgeschlagen, allerdings im Paket mit einer Ausweitung der Arbeitnehmerrechte.) Eine befürchtete Ausnutzung dahingehend, dass die 60-Stunden-Woche Alltag würde, ist bisher nicht eingetreten.

Sogar noch erweitert worden sind seit der ÖVP-FPÖ-Koalition deren Reformen im Steuersystem – der 2018 beschlossene »Familienbonus« zum Beispiel, der eine Reihe anderer Absetzbeträge durch einen Pauschalbetrag pro Kind ersetzt, ist heute noch immer Herzstück vieler Einkommensteuererklärungen. Und auch wenn Klimapolitik nicht das höchste Anliegen dieser Regierung ist: Die Abschaffung der Eigenstromsteuer bei Photovoltaikanlagen hat seither durch den massiven Ausbau noch an Bedeutung gewonnen.

Andere Reformen der Regierung Kurz I stutzen Gerichte in den folgenden Jahren deutlich zusammen – oder kippen sie komplett. Relativ ungeschoren kommt noch die als große Einsparung verkaufte Kassenreform davon: Unter der freiheitlichen Ministerin Beate Hartinger-Klein wird die Zahl der Sozialversicherungen von 21 auf fünf Kassen reduziert. Juristisch sorgt vor allem für Diskussionen, dass dadurch der Einfluss der Dienstnehmer in den Gremien der Kassen deutlich reduziert wird – das befindet der Verfassungsgerichtshof aber innerhalb des Spielraums des Gesetzgebers.

Politisch wird mehr darüber diskutiert, dass die Regierungs-PR die Reform (die übrigens weite Teile der Kassenlandschaft gar nicht anfasst, die »Krankenfürsorgeanstalten« mancher Länder und Gemeinden etwa bleiben unangetastet) als großen Wurf in Sachen Einsparungen überverkauft. Entgegen der Einschätzung so gut wie aller Experten spricht Kanzler Kurz von einer »Patientenmilliarde«, die durch die Reform frei würde – wie sich diese errechnet, kann damals aber niemand beantworten. Jahre später wird Hartinger-Klein sich in einem Untersuchungsausschuss von diesen Versprechen distanzieren: Das war ein »Marketing-Wording der Kommunikationsexperten des damaligen Bundeskanzlers«, sagt die ehemalige Ministerin 2024 vor dem Parlament aus. Als sie damals von dem Begriff gehört habe, habe sie »wirklich einen Wutanfall bekommen, wie die plötzlich also mit diesem Terminus an die Öffentlichkeit gegangen sind.«

Massive Einschnitte nimmt das Höchstgericht in den folgenden Jahren bei dem türkis-blauen Kernthema schlechthin vor, bei Migrations- und Integrationsfragen. Ende 2020 hebt der VfGH das Kopftuchverbot an Volksschulen auf, das Türkis-

Blau 2018 beschlossen hat. Konkret geht es darin um eine Passage, die das »Tragen weltanschaulich oder religiös geprägter Bekleidung, mit der eine Verhüllung des Hauptes verbunden ist« untersagt. Die Koalition hält in den Bemerkungen zu dem Gesetz fest, dass damit nur das muslimische Kopftuch, nicht aber beispielsweise die jüdische Kippa gemeint sei. Eine solche Regelung, die eine bestimmte religiöse oder weltanschauliche Überzeugung selektiv herausgreift, bedürfe einer besonderen Rechtfertigung, urteilen die Verfassungsrichter – und eine solche habe die Regierung schlicht nicht geliefert; im Gegenteil, heißt es in dem Erkenntnis, könnte das Verbot muslimischen Mädchen den Zugang zur Bildung sogar noch erschweren bzw. sie gesellschaftlich ausgrenzen. Im Windschatten dieses Erkenntnisses – eine Nachfolgeregelung hat die seither amtierende türkis-grüne Koalition nicht hervorgebracht – fällt auch das Kopftuchverbot an Kindergärten, das nur in einer 2022 ausgelaufenen Vereinbarung des Bundes mit den Ländern über den Ausbau der Kinderbetreuung verankert war.

Auch die Reform der Mindestsicherung – hier kann der Bund nur Grundsätze vorgeben, woran die rot-schwarze Koalition 2016 gescheitert war, Details müssen die Länder regeln – kassiert der VfGH in Kernpunkten ein. Auch wenn die neue »Sozialhilfe« grundsätzlich nicht darauf abstellt, ob jemand Migrant ist oder nicht, will die türkis-blaue Koalition mit einer Beschränkung der ausgezahlten Summen bei steigender Kinderzahl und Abschlägen bei mangelnden Deutsch- oder Englischkenntnissen vor allem Migrantenfamilien treffen. Das sei »sachlich nicht gerechtfertigt«, so das Höchstgericht, daher seien diese Passagen des Sozialhilfe-Grundsatzgesetzes aufzuheben. Auch weitere Teile der Reform (etwa der Vorrang von Sachleistungen gegenüber Geldleistungen) beeinsprucht der VfGH. Die Folge: Je nach Einstellung der jeweiligen Landesregierung unterscheiden sich die Summen bzw. Systeme, nach denen die Länder diese Sozialleistung auszahlen, noch immer beträchtlich, die türkis-blaue Reform ist damit praktisch verpufft.

Dasselbe gilt für die »Indexierung« der Familienbeihilfe: EU-Bürger, die in Österreich arbeiten, deren Kinder aber im Ausland leben, sollten die Familienbeihilfe nur mehr in an die Kaufkraft des Herkunftslandes angepasster Höhe bekommen. Bei Pflegerinnen aus Osteuropa, die nur wochenweise nach Österreich kommen, deren Familien aber in der Heimat leben, bedeutet das etwa eine deutliche Kürzung. Wie Europarechtsexperten schon beim Beschluss der Regelung vorhergesagt hatten, kippt sie der Europäische Gerichtshof: Sie verstößt gegen die Arbeitnehmerfreizügigkeit und muss rückabgewickelt werden.

Auch eine andere Reform im Migrationsbereich hat das Höchstgericht abgeschwächt: Eigentlich wollte Innenminister Kickl gewährleisten, dass Asylwerber während ihres Verfahrens nur durch die bundeseigene Betreuungsagentur BBU rechtlich beraten werden dürfen – und so aus seiner Sicht »verfahrensverschleppende« Nichtregierungsorganisationen wie Asylhilfe-Vereine draußen halten. Das geht so nicht, entscheidet der Verfassungsgerichtshof – allerdings wegen langer Berufungsverfahren erst Ende 2023: Eine unabhängige Rechtsberatung müsse »weisungsfrei und unabhängig insbesondere gegenüber dem für die Vollziehung des Fremdenrechts zuständigen Innenminister« sein; die Republik muss das nun bis 2025 neu regeln.

Und auch im Sicherheitsbereich ging Türkis-Blau dem VfGH zu weit. Im 2018 beschlossenen »Sicherheitspaket« – eine der ersten großen Reformen der Regierung – ermächtigt die Koalition Ermittler, sogenannte »Bundestrojaner« einzusetzen: Staatliche Schadsoftware, die es der Polizei ermöglichen würde, auf ein Endgerät (etwa ein Smartphone) zuzugreifen und damit auch verschlüsselte Kommunikation wie WhatsApp-Chats sichten zu können. Ein solcher Eingriff bedürfe hoher Schranken – etwa dem Einsatz nur bei schwerwiegendem Verdacht und speziellem Rechtsschutz. Beides sei durch das Gesetz von 2018 nicht gewährleistet und damit – wie auch die Zuhilfenahme von Verkehrskameras zu polizeilichen Zwecken – aufzuheben.

Seit der Aufhebung drängen Polizeibehörden – und vor allem der Verfassungsschutz – auf eine Nachfolgeregelung, um den Kommunikationsmöglichkeiten von Verbrechern und Terroristen Paroli bieten zu können; bisher ist eine solche Regelung nicht in Sicht. Aber am türkis-blauen Erbe kaut der Verfassungsschutz bis heute noch in anderer Hinsicht.

DIE SCHLÄGE GEGEN ÖSTERREICH

Das Jahr 2018 – das einzige, das die türkis-blaue Regierung von Anfang bis zum Ende durchmachen sollte – ist auch bezüglich der Rolle Österreichs in der großen, weiten Welt bemerkenswert; und ganz besonders, was die Beziehung der Republik zu Russland angeht.

Am Morgen des 28. Februar findet in Wien-Landstraße eine Amtshandlung statt, die die Republik noch jahrelang beschäftigen wird. Unter Anleitung der Wirtschafts- und Korruptionsstaatsanwaltschaft (WKStA) fällt die »Einsatzgruppe Straßenkriminalität« der Wiener Polizei im Bundesamt für Verfassungsschutz und Terrorismusbekämpfung (BVT) ein, wo die Fäden von polizeilicher Terrorbekämpfung,

Spionageabwehr und Nachrichtendienst zusammenlaufen. Um 22.30 Uhr hat die Staatsanwältin sich telefonisch von einem Journalrichter eine Hausdurchsuchung im BVT genehmigen lassen; Polizisten stellen die Büros ihrer Kollegen auf den Kopf, nehmen eine Unzahl an Daten mit.

Grundlage der Hausdurchsuchung sind unter anderem in einem wirren »Konvolut« gesammelte Vorwürfe, die seit Wochen die Runde unter Journalisten, Beratern und Beamten machen. Es geht um Amtsmissbrauch, Verletzung des Amtsgeheimnisses, Datenmanipulation, aber auch um Übergriffe im BVT. Zeugen, auf die die WKStA sich dabei stützt, sind ihr teilweise aus Kickls Umfeld vermittelt worden – unter anderem von Peter Goldgruber, seinem obersten Beamten im Innenministerium. Dass die von einem FPÖ-Gemeinderat angeführte Einsatzgruppe die Hausdurchsuchung durchführt, lässt besonders in der Extremismusabteilung des BVT die Alarmglocken schrillen. Auch die ÖVP, die 2018 noch in Gestalt ihres Generalsekretärs Karl Nehammer behauptet, »das Vorgehen von Innenminister Herbert Kickl war selbstverständlich mit der neuen Volkspartei abgestimmt und akkordiert«, wird sechs Jahre später in den Raum stellen, »die Zerschlagung des BVT war ein rein parteipolitisch motivierter Angriff, um gezielt auf unliebsame Beamte loszugehen und dabei zugleich Personen aus dem freiheitlichen Umfeld zu installieren.«

Von den Vorwürfen, die ursprünglich zu der Hausdurchsuchung geführt haben, wird langfristig nichts übrig bleiben: Die Hausdurchsuchung selbst wird vom Oberlandesgericht Wien Monate später als rechtswidrig eingestuft, die von Kickl angeordnete Suspendierung des BVT-Chefs hebt das Bundesverwaltungsgericht auf. Aber der Schaden ist angerichtet: Eine auf geheime Informationen angewiesene Behörde, in der Fremde ein und aus gehen und Daten mitnehmen können, verliert zwangsweise an Vertrauen von internationalen Partnerdiensten. Jahre später wird die türkis-grüne Regierung das BVT reformieren und komplett umbauen.

Und ebenfalls erst Jahre – und mehrere Untersuchungsausschüsse – später wird sich die Perspektive auf diesen 28. Februar 2018 ausweiten: Wer das »Konvolut« ursprünglich verfasst hat, ist bis heute nicht abschließend geklärt. Aber bekannt ist mittlerweile, dass Goldgruber der WKStA zwei ehemals leitende BVT-Beamte der WKStA als Zeugen vermittelt hat – und dass diese Beamten über den Zirkel des mittlerweile untergetauchten Wirecard-Managers Jan Marsalek über Jahre für den russischen Geheimdienst spioniert haben sollen. Einem von ihnen, einem Kärntner namens Egisto Ott, wirft die Staatsanwaltschaft inzwischen vor, unter anderem polizeiliche Abfragen über Gegner des Putin-Regimes vorgenommen und verkauft zu haben, außerdem soll er defekte Handys von Spitzenbeamten an ausländische Agenten weitergegeben haben.

In Österreich ist Russland zu diesem Zeitpunkt weit mehr als ein guter Freund – ein »strategischer Partner«, wie es in der 2013 beschlossenen Sicherheitsstrategie heißt, und der zweitgrößte Handelspartner der Republik nach Deutschland. Am 5. Juni 2018 unterzeichnen die OMV und Gazprom einen langfristigen Gasliefervertrag, der die Lieferungen russischen Erdgases nach Österreich bis 2040 sichern soll. Die Unterzeichnung findet im Rahmen eines Staatsbesuchs des russischen Präsidenten Wladimir Putin in Wien statt. Kritiker sehen in diesem Vertrag eine zunehmende Abhängigkeit Österreichs von russischem Gas und warnen vor den geopolitischen Implikationen.

Neos-Europasprecherin Claudia Gamon etwa kritisiert die neuerliche Forderung Straches, die EU-Sanktionen gegen

Russland aufzuheben: Die Bundesregierung verstricke sich in »außenpolitische Widersprüche« und »macht sich dadurch nicht nur unglaubwürdig, sondern schwächt auch die gemeinsame europäische Außenpolitik.« Auch die Grünen warnen: »Hier wird aus Eigeninteresse mit autoritären Staatsoberhäuptern kokettiert. Dabei ist Putins Ziel sehr klar: die Schwächung und Zerschlagung der EU. Sebastian Kurz und HC Strache sind dabei willige Gehilfen«, sagt Michel Reimon, Co-Delegationsleiter der Grünen und Mitglied des Ausschusses für auswärtige Angelegenheiten. Seitens der Liste Pilz verlangt Alma Zadić, außenpolitische Sprecherin der Partei, den Vertrag mit »Einiges Russland« aufzukündigen.

Das hört damals kaum jemand: Sowohl Präsident Van der Bellen als auch Kurz streuen Putin bei seinem Besuch in Wien Rosen. So weit ist das keine Eigenheit von Türkis-Blau, muss man sagen – jede Regierung der vergangenen Jahrzehnte hatte ihr gutes Verhältnis zu Russland betont. Unter Kurz wird die Beziehung nun aber besonders eng: Der Kanzler trifft Putin im Jahr 2018 viermal persönlich: zweimal bei Besuchen in Russland, einmal in Wien und einmal in der Steiermark, im Umfeld der Hochzeit von Außenministerin Karin Kneissl, zu der Putin persönlich anreist.

Letzteres ist eine eher skurrile Episode: Kneissl erzählt, sie habe ihren Regierungskollegen während des russischen Staatsbesuchs in Wien im Juni Einladungen zu ihrer Hochzeit im steirischen Gamlitz in die Hand gedrückt, als plötzlich Putin neben ihr steht. Halb aus Höflichkeit, halb im Scherz drückt sie ihm ebenfalls eine Einladung in die Hand. Als ein paar Wochen später die russische Regierung mitteilt, dass Putin vorbeikommen wird – allein die Sicherheitsvorkehrungen in Gamlitz werden Hunderttausende Euro kosten – gibt es kein diplomatisches Zurück mehr. Weit teurer werden

Österreich in den folgenden Jahren noch die Bilder zu stehen kommen, die bei der Hochzeit entstehen: Der Knicks der österreichischen Außenministerin vor Putin geht um die Welt, sorgt international für Schlagzeilen als Symbol der freundschaftlichen Beziehungen zwischen der österreichischen und der russischen Regierung, während in der Ukraine schon damals Menschen sterben.

Für Kneissl wird sich die Einladung langfristig auszahlen: Nach dem Ende ihrer politischen Karriere ein Jahr später bekommt sie Aufträge aus Russland, wird zeitweilig Aufsichtsrätin beim Ölkonzern Rosneft und führt inzwischen einen Thinktank der Universität Petersburg an. In Österreich sei sie »verfolgt« und »beruflich vernichtet« worden.

Andere schauen heute selbstkritischer auf dieses Jahr 2018 zurück: »Tut mir leid, völlige Fehleinschätzung«, sagt Bundespräsident Alexander Van der Bellen im Frühling 2024 im *Spiegel*. Er habe sich – wie viele andere auch – in Putin völlig getäuscht. »Ich dachte, er würde sich mit der unentschuldbaren völkerrechtswidrigen Annexion der Krim und dem Landzugang dorthin zufriedengeben.«

DIE GESPENSTER VON IBIZA

2018 kommt und geht, mit ihm treten zwei Parteichefs ab: Im Herbst nehmen kurz nacheinander Matthias Strolz (Neos) und Christian Kern (SPÖ) eher überraschend den Hut, Beate Meinl-Reisinger und Pamela Rendi-Wagner übernehmen. Die Umfragelage ist zu diesem Zeitpunkt praktisch seit der Nationalratswahl ein Jahr davor stabil: Kurz' ÖVP liegt weiter klar voran, die SPÖ verteidigt einen knappen, aber nicht berauschenden zweiten Platz vor der FPÖ.

Zu diesem Zeitpunkt gehen alle Beobachter davon aus, dass das noch eine Zeit lang so weitergehen wird, planmäßig würden Türkis und Blau bis 2022 weiterregieren, abseits kleinerer Geplänkel wie um den UN-Migrationspakt trübt nichts sichtbar die Stimmung zwischen Kurz und Strache. Weil die Wirtschaft brummt, getrieben von niedrigen Zinsen und der lockeren Geldpolitik des Westens, steht Österreich 2018 und 2019 zum ersten Mal seit Menschengedenken ein Finanzüberschuss ins Haus – der Staat wird mehr einnehmen als ausgeben.

Eine für die Koalition harte Nuss legt ihr der Europäische Gerichtshof auf: Dass der Karfreitag ein gesetzlicher Feiertag ausschließlich für Protestanten und Altkatholiken ist, sei gleichheitswidrig – entweder muss er für alle gelten oder für niemanden. Damit tun sich ÖVP und FPÖ sichtlich schwer: Der Wirtschaft ist ein weiterer Feiertag im dahingehend ohnehin großzügigen Österreich nicht zuzumuten, andererseits will die Regierungsmannschaft auch niemandem etwas wegnehmen – und gegen einen »Abtausch« mit Fronleichnam oder dem Pfingstmontag wehrt sich die Kirche. Der Kompromiss, auf den sie sich schließlich einigt, ist patschert, sie versucht ihn als »persönlichen Feiertag« zu verkaufen: Alle Arbeitnehmer können einen einzelnen Urlaubstag, wenn sie ihn rechtzeitig vorher ankündigen, auch einseitig, ohne Zustimmung ihres Arbeitgebers nehmen.

Ein paar Wochen später, nach Terroranschlägen in Neuseeland, kracht es kurz in der Koalition – die FPÖ-nahen »Identitären« hatten von dem Attentäter eine Spende erhalten, die ÖVP verlangt eine Distanzierung und will ein Verbot prüfen. Zudem steht Ende Mai die Europawahl an, die Freiheitlichen wollen ihr Profil schärfen, Kickl hängt die schon erwähnten »Ausreisezentrum«-Schilder auf.

Es hätte also ein ganz normaler Frühling in Türkis-Blau werden können. Tatsächlich sollten die folgenden die politisch aufregendsten Monate der jüngeren Geschichte werden. Schon im Juli 2017, Monate vor der Wahl, die Kurz und Strache an die Macht brachte, hatte eine Gruppe von Verschwörern dem FPÖ-Chef eine elaborierte Falle gestellt – und er war voll hineingetappt.

In einer Finca auf der spanischen Insel Ibiza inszeniert eine Gruppe um den Wiener Anwalt Ramin Mirfakhrai und Sicherheitsberater Julian Hessenthaler ein Treffen Straches und seines Vertrauten Johann Gudenus – zu diesem Zeitpunkt Wiener Vizebürgermeister – mit einer angeblichen russischen Oligarchennichte, die Interesse an Investitionen in Österreich bekundet. Das mehrere Stunden lange Gespräch wird mit Kameras gefilmt, um Strache und Gudenus in kompromittierenden Situationen zu zeigen. Die Idee war den beiden gekommen, als ÖVP-Politiker Ernst Strasser sich Jahre zuvor gegenüber britischen Undercover-Journalisten ebenfalls vor versteckter Kamera um Kopf und Kragen geredet hatte. Mehr stecke nicht dahinter, »Ibiza ist ein Projekt von zwei Menschen«, sagt Mirfakhrai 2024 im *Standard* über die Aktion. »Wenn Sie so wollen, ist Hessenthaler der Vordermann, und ich bin der Hintermann. So langweilig das klingen mag.«

Das Video, das die beiden zunächst unterschiedlichen Interessenten zu verkaufen versuchen, dann schließlich aber ohne Bezahlung der *Süddeutschen Zeitung* und dem *Spiegel* übergeben, hat Sprengkraft: Strache spricht darin offen darüber, wie man die österreichischen Parteifinanzierungsgesetze umgehen könnte. Er schlägt vor, dass die Oligarchin die *Kronen Zeitung* kaufen könnte, um die Berichterstattung zugunsten der FPÖ zu beeinflussen. Und er stellt in den Raum, im Gegenzug könnten ihre Firmen nach der Wahl Staatsaufträge erhalten.

Am 16. Mai 2019, als durch Journalistenanfragen klar wird, dass tags darauf das Video veröffentlicht wird, bittet Strache Kurz per SMS schon zu Mittag um ein vertrauliches Gespräch, das dann aber nicht stattfindet. Kurz will wissen, »Was ist los? Was schlimmes?«, Strache hält ihn hin, »Heute geht nichts mehr«. Kurz hakt nach, »Was kommt da genau? LG Sebastian«. Gegen Mitternacht schreibt ihm Strache noch einmal: »Halb so wild. Viele falsche Vorwürfe, welche so nicht stattgefunden haben, aber die Frage ist der Auftraggeber.« Kurz hat eine Vermutung: »Wer steckt dahinter? Silberstein?«

So abgegriffen die Phrase klingt: Ab Freitagabend überschlagen sich dann die Ereignisse. ÖVP und FPÖ bunkern sich in ihren jeweiligen Quartieren ein, schon sehr bald ist klar, dass zumindest Strache gehen wird müssen. Der bisherige Vizekanzler wird später sagen, Kurz habe ihn – und die Freiheitlichen als Ganzes – hereingelegt, habe ihm versprochen, wenn er sich zurückziehe, könne die Koalition weiterarbeiten. Strache erklärt am Samstagmittag seinen Rücktritt, die FPÖ bietet an, die Koalition mit Norbert Hofer als Vizekanzler fortzuführen, Kurz lässt die Öffentlichkeit und seine bisherigen Partner stundenlang schmoren. Die Freiheitlichen erzählen, Kurz habe nun auch gefordert, Herbert Kickl müsse den Sessel des Innenministers räumen, damit die Zusammenarbeit weitergehen könne.

Erst am Abend, pünktlich, um in der *Zeit im Bild* übertragen zu werden, tritt Kurz vor die Medien. Seine Botschaft: »Nach dem gestrigen Video muss ich sagen: Genug ist genug«, Kurz will Präsident Van der Bellen Neuwahlen vorschlagen. Am Sonntag klärt sich die Lage: Die Freiheitlichen beharren auf Kickls Verbleiben in der Regierung – muss er gehen, gehen alle. Die ÖVP lässt es darauf ankommen, am Montag schlägt Kurz dem Bundespräsidenten vor, Kickl als Minister zu entlassen.

Das ist, man muss es betonen, ein beispielloser Akt in der Geschichte der Republik. So wie viele Rechte des Bundespräsidenten ist der genaue Ablauf, wie jemand Minister wird, bis dahin nur Formsache: Der Präsident wählt frei einen Kanzler aus, dieser schlägt ihm einzelne Minister vor, die der Präsident dann ernennt – er kann sie nicht frei aussuchen. Für die Entlassung gilt der umgekehrte Prozess: Den Kanzler und mit ihm die ganze Regierung kann der Präsident nach seiner Entscheidung entlassen, einzelne Minister nur dann, wenn ihm der Kanzler das vorschlägt.

Und das passiert nun zum ersten Mal: Dienstagmittag entlässt Van der Bellen Kickl. Der geißelt den Präsidenten dafür als »Steigbügelhalter«, der sich von Kurz und seinen Beratern habe »übertölpeln lassen«. Hofer und die übrigen FPÖ-Minister legen dann von sich aus ihre Ämter zurück. Innerhalb eines Tages stellt Kurz einen Ersatzplan auf: Er will bis zu einer Neuwahl im Herbst weiterregieren, die freiheitlichen Ressorts sollen »Experten« übernehmen. Den ehemaligen OGH-Präsidenten Eckart Ratz schlägt er als Innenminister vor, Ex-Sektionschef und Pensionsexperten Walter Pöltner als Sozialminister, »Austro Control«-Chefin Valerie Hackl soll das Infrastrukturressort übernehmen, Johann Luif, ein hoher Militär, die Landesverteidigung.

Van der Bellen nimmt das Angebot an, die neuen Minister machen sich an die Arbeit – aber im Windschatten des EU-Wahlkampfendspurts wird klar, dass Kurz sich verkalkuliert hat: SPÖ, FPÖ und Liste Pilz bereiten einen Misstrauensantrag vor, um seine ganze Regierung nichtsdestotrotz zu Fall zu bringen. Die EU-Wahl an diesem Sonntag wird zu einem Fest für die ÖVP: Unter Spitzenkandidat Othmar Karas legt die türkise Liste 7,5 Prozentpunkte zu, die SPÖ stagniert, die Freiheitlichen verlieren leicht. Einen bemerkenswerten

Achtungserfolg fahren die Grünen ein, die in Österreich aus dem Nationalrat geflogen sind, in der EU aber wieder auf 14 Prozent kommen.

Am Tag nach der Europawahl, dem 27. Mai 2019, erhält Pamela Rendi-Wagners Misstrauensantrag gegen die gesamte neue Regierungsmannschaft die Stimmen von SPÖ, FPÖ und der Liste Pilz / JETZT und damit die Mehrheit, um sie aus dem Amt zu zwingen – noch etwas, das es so noch nie gegeben hat.

Jetzt liegt der Ball allein bei Van der Bellen.

→ Bei aller Kritik an der teils ins obsessive reichenden Message Control: Eine professionelle Kommunikation hilft einer Koalition offensichtlich, beliebt zu bleiben.

→ Wenn namhafte Experten sagen, dass etwas europa- oder verfassungsrechtlich unmöglich ist, zahlt es sich aus, auf deren Rat zu hören. Viele der türkis-blauen Reformen sind sehenden Auges in die Aufhebung gelaufen.

→ Wenn substanzielle Korruptionsvorwürfe gegen zentrale Politiker öffentlich werden, lohnt es sich auch mit Blick auf den Wähler, auf deren Ausscheiden zu drängen.

→ Wenn eine Regierungspartei wegbricht, sollte man vor Experimenten wie einer Alleinregierung versuchen, zumindest eine Basis mit den anderen Parteien zu finden. Dass einen die Opposition nur aus staatspolitischer Verantwortung im Amt halten könnte, ist ein Wunsch ans Christkind.

KAPITEL 7

DER PRÄSIDENT, DIE KANZLERIN UND DAS WILDE PARLAMENT

→ Wie Van der Bellen im Amt dann doch nicht langweilig wurde.

→ Wie Brigitte Bierlein Österreichs erste Kanzlerin wurde.

→ Was das Parlament ohne das Koalitionskorsett alles beschlossen hat.

Am 27. Jänner 2017, dem Tag, an dem die Bundesversammlung – das sind alle Abgeordneten von National- und Bundesrat gemeinsam – Alexander Van der Bellen als Bundespräsident angelobt hat, erscheint im *Kurier* eine Karikatur von Michael Pammesberger, die den neuen Präsidenten nebst seinem Hund zeigt, wie er den Blick aus dem Fenster eines edlen Salons in der Hofburg schweifen lässt. Die Worte, die Pammesberger ihm dabei in den Mund legt: »Pfoah … des wird fad …«.

Aus Sicht Anfang 2017, als die Migrationskrise gerade im Abklingen ist und das Land nach einer fast ein Jahr langen Wahl eine Überdosis Politik intus hat, mag das die Erwartungshaltung gewesen sein – doch im Mai 2019 schauen die Verhältnisse anders aus. Als Van der Bellen am Montag nach den erfolgreichen Misstrauensanträgen gegen Sebastian Kurz' Übergangsregierung dessen Rücktritt annimmt, steht die Republik vor einer beispiellosen Situation: Erstmals in der Geschichte Österreichs hat das Parlament einem Bundeskanzler und seiner gesamten Ministerriege das Vertrauen entzogen. Aber dafür, dass Van der Bellen sich hier auf faktischem Neuland bewegt, verhält er sich durchwegs trittsicher: In seinen öffentlichen Erklärungen spielt er herunter, wie ungewohnt das alles ist, und beruft sich auf die Klarheit, Schönheit und Eleganz der österreichischen Bundesverfassung.

Schon am nächsten Tag beginnt Van der Bellen, mit den Parteichefs Gespräche zu führen, wie es weitergehen soll. Alle wissen: Der Bundespräsident hat jetzt freie Hand. Formell könnte er auch die eben abgewählte Regierung sofort wieder angeloben oder einen der Parteichefs beauftragen, eine neue Koalition zu schmieden. Doch Van der Bellen will das freie Spiel der Kräfte im Parlament nicht durch voreilige Festlegungen einschränken. »Es waren gute Gespräche in angenehmer Atmosphäre. Aber eine Entscheidung ist noch nicht gefallen«, sagt der Präsident nach den Unterredungen. »Schau'n wir mal, ob wir Person und Programm zusammenbringen.«

Eine Person hat er dabei schon länger im Auge: Brigitte Bierlein, seit 2018 Präsidentin des Verfassungsgerichtshofs. Die 1949 in Wien geborene Juristin ist mehr als qualifiziert für den Job: Sie war Staatsanwältin, brachte es bis zur Generalanwältin an der Generalprokuratur am Obersten Gerichtshof. Seit 2002 gehörte sie dem Verfassungsgerichtshof an und ist seit einem Jahr dessen Präsidentin, die erste Frau in dieser Funktion. Als Van der Bellen Bierlein fragt, ob sie – übergangsweise – das Kanzleramt übernehmen würde, zögert sie, weiß nicht, ob sie sich das zutraut. In einem Gespräch mit der *Zeit* wird sie später erzählen, wie Van der Bellen sie am Ende überredet hat: Mit dem Hinweis: »Das sagen Frauen immer, wenn sie einen Job angeboten bekommen.«

»Unerschrockenheit, Mut, fachliche Kompetenz und persönliche Integrität« attestiert Van der Bellen Bierlein dann auch, als er am 30. Mai vor die Kameras tritt und verkündet, sie mit der Bildung einer Regierung zu beauftragen – bis zur Angelobung der nächsten Bundesregierung nach der Nationalratswahl im September 2019. Eine schwierige Aufgabe: Die Übergangsregierung muss ohne die gewohnte Mehrheit bei einer Wahl auskommen, trotzdem parteiübergreifende Akzeptanz finden und die Amtsgeschäfte führen.

Bierlein greift auf altgediente Spitzenbeamte zurück und nominiert – je zur Hälfte Frauen und Männer – ein schlankes Kabinett, in dem auch mehrere bisherige Ministerien zusammengelegt werden: Vizekanzler Clemens Jabloner – ehemals Präsident des Verwaltungsgerichtshofs – übernimmt das Vizekanzleramt und Justizministerium, Wolfgang Peschorn, als

Präsident der Finanzprokuratur »Anwalt der Republik«, übernimmt das Innenministerium. Spitzenbeamte wie Eduard Müller (Finanzen), Iris Rauskala (Bildung) oder Brigitte Zarfl (Gesundheit) rücken in den Chefsessel ihrer Ministerien, im Verteidigungsministerium übernimmt Van der Bellens Militärattaché Thomas Starlinger.

Am 3. Juni gelobt Van der Bellen die Übergangsregierung an. Bundeskanzlerin Bierlein, die die »große Ehre und Verantwortung« betont, verspricht vor allem eins: Stabilität und Sicherheit bis zum Wahltag am 29. September. Man werde kein Programm vorlegen und sich auf die Fortführung der Amtsgeschäfte beschränken, sagt die neue Regierungschefin; dafür werde man auf Transparenz setzen und die Öffentlichkeit über alle Vorhaben rechtzeitig informieren – ein klarer Kontrapunkt zur türkis-blauen Message Control. »Meine Übergangsregierung wird sich streng an die Verfassung, an die Gesetze und an die Erwartungen der Bevölkerung halten. Unsere Aufgabe als Bundesregierung ist es, für Ruhe und Stabilität in unserem Land zu sorgen«, so Bierlein.

Van der Bellen gibt ihr noch einige gute Sprüche mit auf den Weg: Es brauche eigentlich nur die Bundesverfassung, die »für eigentlich alle Eventualitäten grundlegende demokratische Spielregeln« bereithalte. Und es brauche »das typisch Österreichische«: Zuversicht (»Na, des mach' ma schon«), Mut (»Mutig in die neuen Zeiten«) und das Gespräch (»Beim Reden kommen d'Leit zam«).

Die Reaktionen auf Bierleins Ernennung fallen durchwegs positiv aus. »Beste Wahl, die der Bundespräsident treffen konnte«, sagt SPÖ-Chefin Pamela Rendi-Wagner. »Brigitte Bierlein ist eine erfahrene, umsichtige Persönlichkeit und wird dieser Aufgabe mit Bravour nachkommen.« FPÖ-Chef Norbert Hofer sieht in ihr eine »Garantin für Stabilität in der derzeitigen schwierigen Situation«. Und auch Ex-Kanzler Sebastian Kurz, dessen ÖVP Bierlein einst als Verfassungsrichterin mitgewählt hat, wünscht ihr »alles Gute für die kommenden Monate«. Auch die Bevölkerung scheint angetan: In einer Umfrage des Meinungsforschungsinstituts Unique Research für das Nachrichtenmagazin *Profil* halten fast 70 Prozent der Befragten Bierlein für eine sehr oder eher gute Wahl als Bundeskanzlerin.

Am Ende ihrer Amtszeit, Anfang 2020, wird Bierlein erhobenen Hauptes und unbeschädigt aus dem Kanzleramt gehen – was mehr ist, als viele ihrer Vorgänger von sich behaupten konnten. Sie und ihre Mannschaft führen die Verwaltung wie versprochen ruhig, unauffällig und ohne jede Eigeninitiative. Nur die nötigsten Gesetzesvorschläge schickt die Regierung an das Parlament, selbst bei offensichtlichen Missständen – etwa bei der Wehrfähigkeit des Bundesheers oder der dramatischen Unterfinanzierung der Gerichte – begnügen sich die »Fachminister« damit, umfangreiche Sachstandsberichte vorzulegen, statt Reformen in Gang zu setzen.

Was mit zwei Folgen verbunden ist: Erstens bleiben dringend nötige Reformen auch in dieser Zeit liegen – was sich zum Beispiel ein Jahr später in der Pandemie zeigen wird. Und zweitens wirkt die gesetzgeberisch untätige Regierung wie eine Einladung auf das Parlament, sich selbst auf seine Tätigkeit als Gesetzgeber zu besinnen.

DAS WILDE PARLAMENT

Fast wäre es eine feine Ironie: Ein paar Tage vor der Nationalratswahl 2019 beschließen ÖVP, FPÖ und Neos gemeinsam, nach deutschem Vorbild eine »Schuldenbremse« in die

Verfassung zu schreiben, die den Staat davon abhalten soll, immer mehr Geld auszuleihen, das künftige Generationen an Steuerzahlern zurückzahlen müssen. Die Idee wird – nach der Wahl – an der rot-grünen Blockade im Bundesrat scheitern, der Beschluss im Nationalrat ist eine rein symbolische Geste.

Eine Geste, die zu dem Zeitpunkt durchaus Gründe gehabt hätte. Zeiten des »freien Spiels der Kräfte«, in denen Parteien nicht durch einen Koalitionspakt gebunden sind und alles beschließen können, für das sie irgendwie eine einfache Mehrheit der Abgeordneten auftreiben können, waren schon immer Zeiten, in denen ohne Rücksicht auf Verluste Geld verteilt wird. Einerseits, weil die Klubs vor der Wahl ihre Wähler noch schnell günstig stimmen wollen; andererseits, weil es vielleicht die letzte Gelegenheit ist, eigene Projekte überhaupt noch umzusetzen, bevor man abgewählt wird.

Trotzdem schlägt die koalitionsfreie Zeit 2019 die vorhergehenden um Längen. Der Fiskalrat, eines der Gremien in der Republik, die über die schlanke Linie des Staats wachen sollen, rechnet 2024 alle »Wahlzuckerl« der letzten Legislaturperioden zusammen, die außerhalb der Koalitionen beschlossen worden sind. Teuer sind sie den Staat immer gekommen: Die 2008 verteilten Zuckerl kosten den Bund 2024 knapp mehr als eine Milliarde Euro im Jahr, jene von 2013 239 Millionen, jene von 2017 635 Millionen. Aber 2019, mit seiner langen Übergangszeit von Juni bis Ende September und dem Fehlen jeglichen Regierungspaktes, 2019 spielt in einer eigenen Liga: 2,22 Milliarden Euro kosten die Republik die reichen Gaben, die die Parteien in wechselnden Allianzen in diesem Zeitraum beschließen.

Sowohl der Wunsch nach einer Schuldenbremse als auch Warnungen von Bierleins Finanzminister Eduard Müller verhallen ungehört: Die Abgeordneten schaffen eine höhere

Mindestpension von 1.200 Euro netto bei zumindest 40 Arbeitsjahren, verankern die jährliche Valorisierung des Pflegegeldes, die verfassungsrechtliche Absicherung der öffentlichen Trinkwasserversorgung. Diverse Absetzbeträge werden erhöht, Pensionsabschläge reduziert, eine neue Ökostromförderung aufgesetzt.

Auch an weniger teuren, dafür aber symbolträchtigen Gesetzen gibt es keinen Mangel: Nach dem Ibiza-Video verordnen sich die Parteien strikte Spendenobergrenzen, ein Plastiksackerl-Verbot führen sie ebenso ein wie das schon erwähnte Rauchverbot in der Gastronomie.

Die SPÖ kann unter anderem die volle Anrechnung von Zeiten der Elternkarenz für Gehaltsvorrückungen und einen Rechtsanspruch auf den sogenannten »Papamonat« ab September 2019 als Erfolg verbuchen. Außerdem beschließen die Abgeordneten auf Antrag von ÖVP und FPÖ eine Härtefallregelung für selbstständig Beschäftigte, die Kinderbetreuungsgeld zurückzahlen müssen. Die weitere Sicherstellung von Fördermitteln des Bundes für die Nachmittagsbetreuung und eine Novelle zum Schulorganisationsgesetz geht auf Initiativen der alten Koalitionspartner ÖVP und FPÖ zurück.

Unternehmen, die freiwillige Helfer im Katastrophenfall von der Arbeit freistellen, erhalten künftig eine Entschädigung von 200 Euro pro Tag. Außerdem billigen die Abgeordneten neue Haftungsbestimmungen für Schäden durch Weidevieh auf Almen und die Einrichtung einer zentralen Bundesdisziplinarbehörde für Beamtinnen und Beamte. Die Liste JETZT setzt sich mit der Forderung nach einer Halbierung der Gerichtsgebühren bei sofortigem Vergleich durch. Auf Antrag der Neos wird der Zugang zur Ehe auch gleichgeschlechtlichen Paaren eröffnet, bei denen einer der Partner aus einem Staat kommt, in dem die »Ehe für alle« nicht anerkannt ist.

Was die Abgeordneten zu dem Zeitpunkt noch nicht wissen: Es wird das letzte Mal sein, dass sie unter einigermaßen günstigen wirtschaftlichen und geopolitischen Umständen mit Geld um sich werfen können, unter den Vorzeichen eines Nulldefizits, niedriger Zinsen und keiner dringenden Krisenmaßnahmen. Das sollte sich wenige Monate später ändern, als ein Virus sich von China aus auf den Weg macht, die Welt ins Chaos zu stürzen – und das österreichische Budget in nie zuvor gesehene »Koste es, was es wolle«-Dimensionen gerät.

Bevor es so weit ist, schreitet Österreich aber noch einmal zur Wahl: Die FPÖ, die nach dem Ibiza-Video noch weiter in internen Streitigkeiten versinkt, wird massiv abgestraft, fast alle Stimmen, die sie verliert, wandern direkt an Kurz' ÖVP, die nun bei 37,5 Prozent steht. Die SPÖ unter Pamela Rendi-Wagner verliert fast genauso viel wie die Freiheitlichen und landet nur knapp vor ihnen bei 21,1 Prozent – die Wählerschaft goutiert den Misstrauensantrag offenbar nicht, der im Mai die Regierung Kurz zu Fall gebracht hat.

Gewinner des Wahlabends sind – wie schon bei der EU-Wahl im Mai – die ÖVP und die unter Werner Kogler komplett neu aufgestellten Grünen. Wenige Tage nach der Wahl kündigt Kurz an, diesmal mit den Grünen eine Koalition verhandeln zu wollen. Die Gespräche dauern bis nach Weihnachten an, danach legen die Parteien unter dem Titel »Das Beste beider Welten« ein Programm bis ins Jahr 2024 vor. Aber binnen weniger Wochen sollten sich ihre Prioritäten massiv verschieben.

WAS WIR VON DER ÜBERGANGSREGIERUNG LERNEN KÖNNEN

→ Es ist gut, dass Österreich für den Fall, dass das Parlament einer Regierung das Vertrauen entzieht, keine minutiösen Vorgaben, aber doch klare Strukturen hat. So hat der Bundespräsident die Flexibilität, eine passende Lösung zu finden.

→ Eine besonnene Persönlichkeit in der Hofburg ist gerade in einer Krise ein Gewinn für das Land. Die Präsidentschaft braucht keine Cowboys, die schneller schießen als ihr Schatten, sondern bedächtige Politiker, die die Macht des Amtes besonders in chaotischen Zeiten einsetzen, um Stabilität zu garantieren.

→ Es zahlt sich aus, bei der Suche nach einer Übergangsregierung auf unabhängige Experten mit breiter Akzeptanz und ohne politische Ambitionen zu setzen. Gleichzeitig wäre es aber sinnvoll, wenn sich die Parlamentsparteien in so einer Lage zurückhalten: Ohne Koalitionszwänge ist die Versuchung enorm, in alle Richtungen Wahlzuckerl zu verteilen.

→ Das Beispiel Sebastian Kurz zeigt, dass die Schmach einer Abwahl durch das Parlament nicht das Ende einer politischen Karriere bedeuten muss – zumindest wenn bald darauf die Wähler am Wort sind.

KAPITEL 8

CORONA

→ Wie die Pandemie Österreich ohne Spitzenpersonal und geeignete Notfallpläne über-
raschte.

→ Wie die »heroische Kommunikation« der
Regierung zu Enttäuschungen führte.

→ Wie die Länder einer Regierung im Führungsvakuum einen Lockdown und eine Impfpflicht
verordneten.

In einer idealen Welt stellen wir uns einen Staat als eine Sammlung von Institutionen vor, die unabhängig davon funktionieren, wer politisch gerade an seiner Spitze steht. Ministerien, Beamte, Gesetze und so weiter sind in diesem Idealbild jederzeit so aufgestellt, dass – bei Wahlen, Rücktritten oder anderen Veränderungen – eine Regierung den Staat der nächsten quasi schlüsselfertig übergeben und die neue weitermachen kann, ohne dass der Bürger einen Unterschied bemerkt.

Ein schönes Bild – aber die Realität schaut häufig anders aus, auch und gerade in Österreich, das sich immer wieder mit seiner exzellenten Verwaltung brüstet. Als zum Beispiel Rudolf Anschober, Gesundheitsminister in der neu gebildeten Regierung aus ÖVP und Grünen, Anfang 2020 die Schubladen öffnet, in denen fix vorbereitete und einstudierte Pandemiepläne liegen sollten, fliegen ihm nur Motten entgegen.

Das ist natürlich etwas zugespitzt formuliert – wenn auch nur geringfügig. Die Corona-Pandemie, die das Land über die nächsten zwei Jahre im Bann halten wird, erwischt die Republik auf dem völlig falschen Fuß. Das beginnt schon beim Spitzenpersonal: Als Bundespräsident Alexander Van der Bellen Anschober am 7. Jänner 2020 als Gesundheitsminister angelobt, ist der zentrale Posten für die öffentliche Gesundheitsversorgung im Land, der »Chief Medical Officer«, oder ein bisschen österreichischer bezeichnet, der »Generaldirektor für Öffentliche Gesundheit«, einfach nicht besetzt.

Diesen Job, bis zu dem Zeitpunkt mit der Leitung der Sektion Öffentliche Gesundheit im höchsten Beamtenrang, hat bis 2017 die als Infektions- und Tropenmedizinerin hoch qualifizierte Pamela Rendi-Wagner inne. Die übernimmt aber nach dem Tod von Sabine Oberhauser das Ministerium selbst und zieht später als Abgeordnete in den Nationalrat ein. Als Rendi-Wagner dann 2018 SPÖ-Chefin und Klubobfrau wird, organisiert ihre Nachfolgerin Beate Hartinger-Klein (FPÖ) den Gesundheitsdienst im Ministerium um, die Generaldirektion ist jetzt »nur« mehr eine Abteilung, keine ganze Sektion.

Mit Ende 2019 – Ministerin in der »Expertenregierung« Bierlein ist da gerade Brigitte Zarfl – tritt die Abteilungsleiterin, die zu diesem Zeitpunkt den Titel der Generaldirektorin trägt, planmäßig in Ruhestand. Der Job ist nicht ausgeschrieben und folgerichtig auch nicht nachbesetzt, als Anschober antritt und die Pandemie auf Österreich trifft.

Es ist nicht das einzige Versäumnis: Auch die Amtszeit des »Obersten Sanitätsrats« – ein Gremium aus 31 Ärzten, Apothekern und Wissenschaftlern, die den Gesundheitsminister in Fragen der öffentlichen Gesundheit beraten sollen – war Ende 2019 ausgelaufen und mit Anschobers Antritt somit unbesetzt.

Aber es fehlen nicht nur Häuptlinge, sondern auch Indianer: Als unter der türkis-blauen Regierung das Gesundheits- mit dem Sozialministerium zusammengelegt wird, verkleinert sich das Gesundheitsressort um 55 Planstellen, also ein Sechstel seines Personalstandes – das Personalkontingent wandert ins Ressort von Vizekanzler, Beamten- und Sportminister Heinz-Christian Strache. Nach Ende der türkis-blauen Koalition schlägt die Beamtenschaft Alarm: In einem internen Bericht des Ministeriums im Juni 2019 heißt es explizit, der zu niedrige Personalstand im Bereich der Öffentlichen Gesundheit stelle im Fall einer Seuche im Humanbereich ein hohes Risiko dar.

Theoretisch sollte es in einem Ministerium natürlich auch, unabhängig vom Personalstand, festgeschriebene Pläne und geeignete Gesetzes- oder Verordnungsvorlagen für alle einigermaßen wahrscheinlichen Notfälle geben.

Nun: Einen Pandemieplan gibt es im Gesundheitsministerium zwar, aber er ist 14 Jahre alt, als Corona in Österreich ankommt. Das ist schlecht, denn er basiert zwar auf Empfehlungen der Weltgesundheitsorganisation WHO – aber diese hatte ihre Empfehlungen seit Erstellung des österreichischen Plans 2006 aufgrund ihrer Erfahrungen, etwa 2009 mit der »Schweinegrippe«, mehrmals aktualisiert und abgeändert. Der österreichische Pandemieplan, wird der Rechnungshof später kritisch anmerken, war daher längst nicht mehr aktuell und ging – etwa was die Einteilung in »Pandemiephasen« angeht – von anderen Voraussetzungen aus als die Vorlage der WHO.

Noch schlimmer: Der Plan, den Anschober vorfindet, geht von der Annahme aus, dass die Pandemie von bereits bekannten Grippeviren ausgeht und damit rasch Impfungen oder Medikamente hergestellt und beschafft werden. Der Fall, dass keine Impfstoffe zur Verfügung stehen und daher andere Maßnahmen nötig sein könnten, ist nicht vorgesehen.

Dabei ist es nicht so, dass niemand die Verantwortlichen darauf aufmerksam gemacht hatte, den Pandemieplan zu aktualisieren. Nach der »Schweinegrippe«-Pandemie 2009 veröffentlichte die Gesundheitsagentur der Republik einen Evaluierungsbericht, in dem sie empfahl, den Pandemieplan regelmäßig zu überarbeiten. Das Ministerium erteilte der Agentur zwar 2013 den Auftrag, das zu tun – aber es kam aus verschiedenen Gründen nicht mehr dazu.

In dem schon zuvor bei der Personalsituation erwähnten internen Risikobericht des Gesundheitsministeriums im Juni 2019 heißt es unter dem Titel »Mangelhaftes Krisenmanagement im Humanbereich«, die ausstehende Aktualisierung der nationalen Bereitschaftspläne für Seuchen stelle ein hohes Risiko dar. Im August liegt eine Aktualisierung des Pandemieplans intern vor, sie wird aber nicht umgesetzt.

Immerhin hat den Plan nicht noch der Kaiser kundgemacht – im Gegensatz zu der gesetzlichen Grundlage, auf deren Basis Anschober und seine Nachfolger in den nächsten Monaten und Jahren im Kampf gegen das Virus noch nie gesehene Freiheitseinschränkungen anordnen werden. Das Epidemiegesetz stammt nämlich mit einer Wiederverlautbarung 1950 aus dem Jahr 1913 – und das merkt man ihm auch an. Es enthält keine Begriffsdefinitionen, der gesamte Bereich Vorbeugung – etwa durch Impfungen – kommt nur am Rande vor, und dass viele der Begriffe in dem Gesetz heute in anderen Rechtsmaterien andere Bedeutungen haben (etwa »Veranstaltung«), wird in den kommenden Monaten noch für viel Verwirrung sorgen.

All diese geschilderten Probleme bestehen bei Ausbruch der Pandemie in unterschiedlichen Ausprägungen – nicht nur im Gesundheitsministerium, sondern auch in den Behörden, die mit ihm für die öffentliche Gesundheit zuständig sind. Das sind – in der mittelbaren Bundesverwaltung – die Landeshauptleute, die in diesem Fall an die Weisungen des Ministers gebunden sind, sowie die wiederum ihnen unterstellten Bezirksverwaltungsbehörden, also BHs und Magistrate. Wie der Rechnungshof später festhalten wird, fehlen auch auf diesen Ebenen vielerorts Plan und Personal: Ohne Bundes-Pandemieplan haben auch die Länder ihre regionalen Anleitungen seit 2006 nicht aktualisiert. Und sie haben zu wenige Amtsärzte, denen gerade in der Seuchenbekämpfung eigentlich eine Schlüsselrolle zukommt – in Wien zum Beispiel hat der Rechnungshof festgestellt, dass jede vierte vorgesehene Stelle 2019 unbesetzt war. Davon weiß das Gesundheitsministerium aber nichts, denn bis mitten in der Pandemie hat es keinen Überblick, welche Ressourcen der öffentliche Gesundheitsdienst in den Ländern und Bezirken überhaupt hat, bzw. welche fehlen.

Man kann festhalten, dass die Republik praktisch blind, ohne qualifizierten Piloten und mit veraltetem Material in einen Sturm geflogen ist. Der kam allerdings nicht aus heiterem Himmel, sondern mit Ansage: Nicht nur in internen Berichten des Gesundheitsressorts, auch in öffentlichen Lageeinschätzungen wurde mehrfach auf die Möglichkeit einer Pandemie hingewiesen. Auch das Bundesheer hatte in seinem jährlich vorgelegten »Risikobild« seit Jahren erklärt, dass ein für Österreich hoch disruptives Pandemieszenario in absehbarer Zeit sehr wahrscheinlich sei. »Eine Pandemie wäre eine ganz besondere Herausforderung für Österreich, u. a. weil es zurzeit keine geeignete rasche Impfstoffproduktion mehr im Land gibt. Auch die Produktion antiviraler Substanzen müsste innerhalb kurzer Zeit wieder erhöht werden. (…) Die vorliegende Pandemie-Planung wäre mit überschaubarem Aufwand zu aktualisieren, und an die zu erwartenden Szenarien anzupassen (…).«, schrieb das Heer etwa in seiner sicherheitspolitischen Jahresvorschau 2016. Erhört hat das zu diesem Zeitpunkt niemand.

HOTEL EUROPA

Es hat wenig Sinn, die Corona-Pandemie, ihre Auswirkungen auf Österreich und die Maßnahmen dagegen Schritt für Schritt nachzuerzählen. Erstens haben wir sie fast alle miterlebt; zweitens gibt es solche Auflistungen zuhauf; ich darf beispielsweise den Corona-Blog der Universität Wien (https://viecer.univie.ac.at/corona-blog/) empfehlen, der eine exzellente Chronologie der Ereignisse enthält.

Ich möchte mich an dieser Stelle auf zwei Phasen der Pandemiebekämpfung fokussieren, die exemplarisch dafür stehen können, wie Österreichs Politik auf das Virus reagiert hat; die eine: Tirol, ziemlich zu Beginn der Pandemie, im März 2020 – und die andere: die hektischen Ereignisse im Herbst 2021, die schließlich in der Ankündigung einer Impfpflicht gipfeln, die die Republik nie exekutieren wird, ziemlich gegen Ende.

Es ist der Abend des 25. Februar 2020, die türkis-grüne Bundesregierung ist gerade einmal eineinhalb Monate im Amt, und in Innsbruck herrscht Ausnahmezustand: Soeben sind zwei Personen positiv auf das neuartige »Coronavirus« getestet worden – es sind die ersten bestätigten Fälle in Österreich. Dass das in Tirol passiert, ist aufgrund der Nähe zur italienischen Grenze nicht weiter überraschend – Italien ist zu diesem Zeitpunkt Europas erster Hotspot, ein Dutzend Menschen sind dort bereits gestorben, von Österreich aus beobachtet man die Entwicklung mit Argusaugen. »Wir wollen in den nächsten Tagen und Wochen eng mit Italien zusammenarbeiten, um eine Begrenzung der Infektionen zu erreichen«, hat Gesundheitsminister Anschober früher am selben Tag gesagt – in Rom, bei einem Treffen mit Amtskollegen aus etlichen anderen EU-Staaten. »Eine Grenzschließung haben wir ausgeschlossen, weil diese Maßnahme nicht angebracht wäre.« Damit sollte Anschober sich irren – es ist ein Lernprozess für viele.

Das Bild, das an diesem Abend viral gehen und in seiner spontanen Komik symbolisch für die Pandemiemaßnahmen werden soll, ist ein Moment aus der *Zeit im Bild*. Ein Reporter hat sich vor dem »Hotel Europa« aufgestellt, wo eine der beiden Infizierten als Rezeptionistin tätig ist. Das Gebäude ist – damals ist das noch neu und aufregend – unter Quarantäne gestellt worden, »das Hotel ist abgeriegelt, niemand darf hinein oder hinaus«, erzählt der Reporter – und just in diesem Moment, in der Live-Schaltung der wichtigsten Nachrichtensendung des Landes, spaziert jemand hinter ihm in aller Ruhe aus der Drehtür des Hotels, macht sich mit einem Roller in der Hand auf den Weg, die zwei vor dem Gebäude stationierten Polizisten lassen ihn passieren.

Das könnte eine skurrile, sympathische und letztlich irrelevante Szene bleiben – aber in den folgenden zwei Jahren wird die Republik zwei Dinge lernen: Erstens, dass der Staat in einer Pandemie sehr, sehr weitreichende Anordnungen treffen kann. Dass er nicht nur Grenzen, Unternehmen, Parks und Plätze, Schulen und Pflegeheime, Wirtshäuser und Eisenbahnen sperren, sondern sogar private Treffen einschränken kann, wenn er es nur gut begründet. Und zweitens, dass nur, weil angeordnet wird, dass niemand hinein oder hinaus darf, noch lange nicht heißen muss, dass das nicht trotzdem passiert. Dass ein Staat zwar viel verordnen und unter Strafe stellen, aber praktisch nie alles kontrollieren kann – und dass solche Eingriffe gegen die Seuche dann am effektivsten funktionieren, wenn die Bürger sie für sinnvoll halten und sie befolgen.

Ein weiteres Lehrbeispiel dafür wird abermals Tirol liefern – und damit auf weit unsympathischere Weise weltberühmt werden als mit der Drehtür des Hotel Europa. Spulen wir im Zeitablauf knapp zwei Wochen vorwärts: Ab 10. März kündigt die Bundesregierung angesichts von über 500 Infektionen in Österreich und Prognosen, die bis zu tausend Neuansteckungen pro Tag vorhersagen, fast täglich neue Maßnahmen an, zunächst Einreisestopp und Grenzkontrollen zu Italien, dann die Schließung von Schulen, Kindergärten und Universitäten, dass Lokale nur bis 15 Uhr offen halten dürfen und »nicht-essenzielle« Geschäfte vorerst eine Woche geschlossen werden. In diesen ersten Tagen der Pandemie – in Italien sind zwischen 21. Februar und 13. März mehr als 1200 Menschen gestorben, in einigen Tagen werden die Bilder von Militärlastautos, die in Bergamo beim Leichenabtransport helfen müssen, allen Verantwortungsträgern den Schreck durch Mark und Bein jagen – gibt es tatsächlich so etwas wie einen »nationalen Schulterschluss«: SPÖ-Chefin Pamela Rendi-Wagner lobt die entschlossenen Maßnahmen der Regierung, FPÖ-Chef Herbert Kickl reklamiert einzelne Facetten wie Grenzschließungen für sich und fordert einen harten Lockdown der Republik.

Die größte Schließungswelle – jene, die am 16. März starten und erst ab Mitte April wieder langsam aufgehoben werden sollte – kündigt die Regierung am Nachmittag des 13. März an. Aber dabei bleibt es nicht – Kanzler Kurz geht auch sehr spezifisch auf eine bestimmte Region ein: Die Skiorte des Paznauntals – Galtür, Ischgl, See und Kappl – sowie St. Anton am Arlberg werden unter Quarantäne gestellt. »Ab sofort«, sagt der Kanzler, in einer Sendung, die Hunderttausende Zuschauer in ganz Österreich live verfolgen, auch im Paznauntal, wo die meisten Menschen bis zu diesem Moment nichts von der Quarantäne wissen.

Die Folgen von Kurz' Ankündigung im Skiort Ischgl, wo zu diesem Zeitpunkt noch mehr als 13 000 Gäste beherbergt werden, liest man ein halbes Jahr später in einem Untersuchungsbericht einer Kommission des Landes Tirol: »Nach der Ankündigung der Quarantäne durch den Bundeskanzler bot sich für Josef Chodakowsky, der auch Vorstand einer Bank ist, ein apokalyptisches Bild. Die Leute sind wie verrückt abgereist. In Sportgeschäften haben sie die Skier einfach hingeschmissen und sind gegangen. Ein Wirt, dessen Gasthausterrasse wegen des schönen Wetters voll mit Gästen war, ging gegen 14 Uhr in den Keller, um ein Fass Bier anzuschlagen. Als er zurückkam, war die Terrasse leer. Es war Chaos. Auch die Polizei hat nicht gewusst, was zu tun ist. Es ist eine Ausnahmesituation entstanden. Es haben sich Hunderte Gäste und Mitarbeiter auf den Weg gemacht. Es herrschte Panik. Allen Beteiligten war nicht klar, was erlaubt ist und was nicht. Die Verordnung zur Quarantäne ist erst am Abend gegen 19.30 Uhr zugestellt worden. (…) Auch der Bürgermeister hat keine Informationen gehabt und Nachfragende auf das Internet verwiesen. Erst gegen 18 Uhr hat sich die Lage langsam beruhigt. (…) Für die Gäste wäre die Ausreise bis Montag möglich gewesen, aber die allermeisten sind bereits am Freitag abgereist.«

Ischgl steht zu diesem Zeitpunkt schon mehr als eine Woche lang im Verdacht, ein »Hotspot« der Verbreitung des Virus in ganz Europa zu sein. Schon am 5. März hatte die isländische Gesundheitsbehörde nach Österreich gemeldet, dass 14 Touristen, die ihren Urlaub in Ischgl verbracht hatten, bei ihrer Rückkehr nach Island positiv auf das Coronavirus getestet worden waren.

Was folgt, ist als Ganzes kein Ruhmesblatt für die Tiroler Behörden: Man ermittelt zwar Kontaktpersonen der Isländer, lässt aber nicht alle testen. Und als ein Kellner der Bar »Kitzloch« (»ein Après-Ski-Lokal, in dem auf engem Raum getrunken, gesungen und getanzt wird«, ein »typischer Infektionsort«, wird es später in dem Untersuchungsbericht heißen) positiv getestet wird, wird er zwar unter Quarantäne gestellt, die Bar darf aber noch zwei Tage lang offen bleiben. Erst nachdem mehr als ein Dutzend weitere Mitarbeiter ebenfalls positiv getestet werden, lässt die BH Landeck das Lokal schließen. Die BH ordnet außerdem schon am 12. März an, das Skigebiet in Ischgl zu schließen – der Bürgermeister der Gemeinde lässt den Bescheid aber liegen und schlägt ihn erst am 14. März an der Amtstafel an, das Skivergnügen läuft also einen Tag länger.

In Summe führt das dazu, dass Tausende Touristen, von denen viele sich in infektionsgefährdeten Lokalen wie Après-Ski-Bars aufgehalten haben, die nicht rechtzeitig geschlossen worden sind, erst von Kurz' Pressekonferenz erfahren, dass ihr Urlaubsort unter Quarantäne kommt. Viele reisen in dem Moment ab, ohne von den Behörden – die mangels aktueller Pandemiepläne selbst mit der Situation überfordert sind – instruiert zu werden, dass sie sich isolieren sollen, und ohne dass ihre Daten aufgenommen werden. Der deutsche *Spiegel* wird später mehr als 10 000 Covid-Fälle dokumentieren, die auf die Verbreitung über Ischgl zurückzuführen sind.

HERO

In der Kommunikationspanne von Ischgl, bei der die Pressekonferenz des – dafür in keiner Weise zuständigen – Bundeskanzlers eine unkoordinierte Massenabreise ausgelöst hat, zeichnet sich zum ersten Mal ab, wie schwer sich die Kommunikationsstrategie der Kurz-Regierung mit dem Pandemiemanagement tut.

Im Corona-Aufarbeitungsbericht, den der deutsche Soziologe Alexander Bogner von der Akademie der Wissenschaften (ÖAW) Ende 2023 – lange nach Kurz' Rückzug – vorlegen wird, findet sich bei den Schlüssen, die er aus der Entstehung der Impfpflicht (dazu gleich mehr) zieht, unter anderem folgende Passage:

»Vorsicht vor heroischen Maßnahmen! Heroische Maßnahmen basieren auf dem festen *Glauben* daran, dass es zum gegenwärtigen Zeitpunkt die *eine beste Lösung* gibt, um ein Problem *ein für alle Mal* aus der Welt zu schaffen. Eine heikle, unübersichtliche Situation wird auf eine einzige große Entscheidung

zugespitzt, die nur zwei Optionen zulässt: verpflichtende Impfung oder ständig wiederkehrender Lockdown. Dieser Perspektive folgend geht es in politischer Hinsicht deswegen um alles oder nichts, jetzt oder nie. Dahinter steht die Überzeugung, dass es für ein komplexes Problem (Pandemie) eine relativ einfache Lösung (Impfstoff) gibt, die aber den großen Wurf (Impfpflicht) benötigt, weil sie sonst nicht greift. Mit dem Impfen bzw. der Impfpflicht glaubte man sozusagen ein geschliffenes Schwert in der Hand zu haben, um den Gordischen Knoten der Pandemie zerschlagen zu können. Die Attraktivität dieser ›Alexander-Lösung‹ liegt in ihrer Kraft zur ultimativen Komplexitätsreduktion und verführt zu der Schlussfolgerung, dass sie keiner Abwägung bedarf. Oft ist es der Glaube an die Erlösung durch Technik, der zu heroischen Maßnahmen veranlasst. So galt früher einmal Atomstrom als unerschöpfliche Quelle billiger Energie, heute werden die Probleme thematisiert, die mit dieser Lösung einhergingen. *Postheroische Lösungen* hingegen sind weniger spektakulär, dafür aber revisionsoffen und kontextsensibel.« (Hervorhebungen im Original)

Auch wenn es in dem Absatz um die Impfpflicht geht: Wenn man ihn einmal gelesen hat und die vielen Inszenierungen von Politikern wie Kurz im Licht dieses Absatzes durchdenkt, wird man Spuren solcher »heroischen Ansätze« immer wieder feststellen. Ob es die anfänglichen Beschwörungen »da müssen wir jetzt durch« und »jeder wird bald jemanden kennen, der an Corona gestorben ist« sind, die Hoffnungen, die mit technischen Lösungen verknüpft werden – »die Impfung ist der Gamechanger« und »Tracking wird eine wichtige Basis bei der Rückkehr zur Normalität«: Heilsversprechen aller Art finden sich im Lauf der Pandemie viele.

Das mag im normalen politischen Alltag eine sinnvolle Vorgehensweise sein, wo die tatsächlichen Effekte von Reformen erst nach Jahren oder Jahrzehnten sichtbar werden – in der Pandemie legen solche »Gamechanger«-Versprechen aber eine hohe Latte. Wie gerade das Beispiel der Impfung zeigt: Anfang 2021 befasst sich die Republik wochenlang und intensiv damit, schnell möglichst viel Impfstoff für Österreich zu beschaffen – am Ende wird weit mehr geliefert, als verimpft werden kann.

Auch Versprechen wie Anschobers »wir werden sicher keine Grenzen schließen«, man könne Österreich schließlich nicht unter einen Glassturz stellen oder Kurz' Versprechen, es werde in Österreich nie eine Impfpflicht geben, altern nicht gut. Mit fortlaufender Dauer der Pandemiemaßnahmen sinken auch die Umfragewerte der türkisen Partei wieder: Gibt es zu Beginn der Maßnahmen 2020 noch einen merkbaren »Rally-around-the-flag«-Effekt, der die ÖVP in der Sonntagsfrage nahe an die 50-Prozent-Hürde bringt – seit Jahrzehnten ist die Volkspartei nie so gut in den Umfragen gelegen wie von März bis Juni 2020 –, setzt ab der Wiederaufnahme der Corona-Maßnahmen ab dem Herbst 2020 ein leichter Sinkflug Richtung 30 bis 35 Prozent ein. Das ist zu dem Zeitpunkt noch immer besser als die politischen Mitbewerber – aber auch deutlich unter den 37,5 Prozent von der Nationalratswahl 2019.

Das könnte natürlich auch mit den diversen Enthüllungen zu tun haben, die die Ermittlungen der Korruptionsstaatsanwälte und der U-Ausschüsse in dieser Zeit ans Licht bringen (siehe Kapitel 5). Sie sollten Kurz schließlich das Amt kosten. Die Empfehlung des ÖAW-Berichtes, vorsichtiger, »post-heroisch« zu kommunizieren und zu Unabwägbarkeiten und unsicheren Entscheidungsgrundlagen zu stehen, wäre wohl auch jenem Regierungschef gut angestanden, der nach Kurz' Rückzug aus dem Kanzleramt im Herbst 2021 das Amt übernimmt.

DROHKULISSEN

Am 11. Oktober 2021 ernennt der Bundespräsident den bisherigen Außenminister Alexander Schallenberg, Diplomat par excellence und seit fast einem Jahrzehnt auch loyaler Berater Kurz', zum neuen Bundeskanzler. Praktisch niemand erwartet von dem 52-Jährigen eigene Akzente: Er hat keine parteipolitische Basis, gilt mehr als elitär als leutselig, »pflichtbewusst« prägt mehr als jedes andere Wort die Porträts, die in diesen Tagen über ihn veröffentlicht werden. Man kann es als Ironie des Schicksals sehen, dass ausgerechnet Schallenberg in seiner kurzen Zeit als Kanzler die kontroversesten Entscheidungen der österreichischen Politik mitbestimmen wird.

Nur drei Tage nach seinem Antritt fliegen der neuen alten Regierung (neu ist neben Schallenbergs Rochade auch Michael Linhart, ein anderer Karrierediplomat, der ihm von dem prestigeträchtigen Botschafterposten in Paris an der Spitze des Außenministeriums nachfolgt – ein kurzes Gastspiel, wie sich bald herausstellen soll) ihre Versprechungen vom Sommer um die Ohren. Die ÖVP hatte stolz plakatiert »Die Pandemie gemeistert, die Krise bekämpft«, Ende Juni hatte Kurz – heroisch – versprochen, die Pandemie sei »für alle vorbei, die geimpft sind.« Am Rande des Parteitags in St. Pölten, wo die ÖVP Kurz noch im August mit 99,4 Prozent als Chef bestätigte, hatte Schallenberg Journalisten gerade noch erklärt: »Die Pandemie ist zu Ende«.

Nun, die Seuche sah das anders. Am 14. Oktober stuft die Corona-Kommission das Land Salzburg wieder als Hochrisikogebiet ein – besonders dort und in Oberösterreich explodieren binnen der nächsten Tage die Infektionszahlen. Es ist nicht leicht, mit ein paar Jahren Abstand die Entwicklungen der folgenden Wochen in diesem Herbst 2021 zu beschreiben – aber es ist unumgänglich, denn ohne sie ist es nicht nachzuvollziehen, wie es zu den Entscheidungen kommen konnte, die Schallenberg, Anschobers Nachfolger Wolfgang Mückstein und mehrere Landeshauptleute am 19. November in einem Hotel am Tiroler Achensee verkünden werden.

Was die öffentliche Wirkung des Anstiegs der Infektionszahlen und Todesfälle in der »Delta-Welle« in diesen Wochen noch einmal verschärft, sind die Limits, die sich die Regierung während der scheinbar entspannten Sommermonate selbst auferlegt hat. Erstens in Form des »Hochinzidenzerlasses«, mit dem Mückstein verfügt hat, dass die Landeshauptleute in jenen Bezirken besonders scharfe Maßnahmen verhängen sollen, in denen eine hohe Inzidenz bzw. Intensivbetten-Auslastung auf niedrige Impfquoten trifft.

Und zweitens mit dem noch unter Kurz (»Wir erleben jetzt eine Pandemie der Ungeimpften«) präsentierten »Stufenplan«, demzufolge bundesweite Maßnahmen einem strikten Schema folgen sollten: Jeweils ab einer Auslastung von 10, 15 und 20 Prozent der Intensivkapazitäten würde zunächst die FFP2-Maskenpflicht an essenziellen Plätzen wieder eingeführt und 3G-Nachweise bei Veranstaltungen vorgeschrieben – dieses Limit ist bereits im September erreicht. Bei den höheren Schwellenwerten sollen Großveranstaltungen und Nachtgastronomie nur noch für Geimpfte und Genesene zugänglich sein, zuletzt soll die 3G-Pflicht durch 2,5G ersetzt werden, also den Nachweis, Geimpft, Genesen oder einen hochwertigen PCR-Test abgelegt zu haben.

Der erklärte Sinn dieser Maßnahmen ist, mit einer gewissen Berechenbarkeit in den Herbst und Winter gehen zu können. Der Effekt ist ein anderer: Ab Mitte Oktober entsteht binnen weniger Tage ein Fleckerlteppich unterschiedlicher Maßnahmen – schon allein dadurch, dass praktisch täglich neue Bezirke laut Hochinzidenzerlass dazukommen. Die Polizei richtet an den Bezirksgrenzen stichprobenartig Ausreisekontrollen ein. Wer in die Nachbarbezirke will, muss (mit weitreichenden Ausnahmen, etwa für »dringende Besorgungen«) einen 3G-Nachweis dabeihaben. Es ist möglicherweise die am wenigsten intuitive Einzelmaßnahme, die die Regierung während der ganzen Pandemie verhängt: Die Grenzen der Verwaltungsbezirke, eine rein administrative Unterteilung, sind bis zu diesem Zeitpunkt weder allgemein bekannt noch besonders kohärente Strukturen, was etwa Pendlerströme oder die Gesundheitsinfrastruktur angeht. Anfang November wird Mückstein die Ausreisekontrollen schnell wieder entsorgen – auch weil es zu diesem Zeitpunkt praktisch nur noch Hochinzidenzgebiete gibt.

Während die fast täglichen Ankündigungen, in welchen Bezirken nun überall Ausreisekontrollen durchgeführt werden, den ohnehin hohen Corona-Takt in den Nachrichten in diesem Herbst noch einmal erhöhen, gehen auch die Länder unterschiedliche Wege. Die Bundeshauptstadt zum Beispiel prescht – die rot-pinke Landesregierung hat über die vergangenen eineinhalb Jahre gute Erfahrungen damit gemacht, sich als Vorreiter in der Prävention darzustellen – schon früh mit einer Ausweitung der Maskenpflicht vor, etwa auch an Arbeitsplätzen. Wien debattiert auch schon über 2G-Regeln – also die Zulassung zu gewissen Veranstaltungen und Lokalen nur noch für Geimpfte und Genesene, nicht mehr für »nur« Getestete, während andere Länder gerade erst die FFP2-Maskenpflicht in Lokalen eingeführt haben.

Aber auch die Bundesregierung überdribbelt sich angesichts der rapide steigenden Zahlen, die sie selbst für ausschlaggebend erklärt hat, mehrfach selbst. Am 20. Oktober präsentieren Mückstein und Arbeitsminister Martin Kocher eine 3G-Regelung für Arbeitsstätten, die mit 1. November und einer zweiwöchigen Einschleiffrist in Kraft treten soll. Gedacht als Motivation für einen »Impfturbo« – die Zahl der neu Geimpften stagniert seit geraumer Zeit auf niedrigem Niveau –, sollte diese 3G-Pflicht tatsächlich nie umgesetzt werden. Am 29. Oktober verordnet Mückstein stattdessen eine 2,5G-Pflicht am Arbeitsplatz (genesen, geimpft oder PCR-getestet) ab 15. November.

Danach geht es Schlag auf Schlag. Am 4. November steigt die Zahl bestätigter Neuinfektionen auf den bis dahin höchsten Wert der ganzen Pandemie in Österreich, tageweise weist die Republik bei der »7-Tage-Inzidenz«, einem rollierenden, international vergleichbaren Wert, die weltweit höchste Zahl überhaupt aus. Auch die anderen entscheidenden Zahlen, täglich über alle Medien verbreitet, steigen in dramatische Höhen: Die Auslastung der Intensivstationen mit Covid-Patienten steigt im Laufe des Novembers auf mehr als 600 Menschen – weit über den Limits im ursprünglichen »Stufenplan« der Regierung –, jene der täglichen Covid-Toten auf über 60.

Die Expertenkommission, die die Regierung berät, sagt diese Entwicklung in diesen Wochen korrekt voraus und stuft in den ersten Novembertagen ganz Österreich als Hochrisikogebiet ein. Am 5. November erklären Schallenberg und Mückstein nach einer Krisensitzung mit den Landeshauptleuten den Stufenplan für Makulatur und gehen weiter: Schon drei Tage später gilt für weite Teile des öffentlichen Lebens – Gastronomie, Veranstaltungen, Kino, aber auch für den Zutritt zu »körpernahen Dienstleistungen« wie Friseuren – die 2G-Regel: Wer sich nicht eine noch gültige Impfung geholt oder im vergangenen halben Jahr eine Covid-Infektion überstanden hat, muss draußen bleiben. Schallenberg spricht davon, mit Hinblick auf die für die Wirtschaft wichtige Wintertourismussaison schon jetzt »die Zügel anzuziehen«, vergleicht die Impfung mit einem Gurt, den es jetzt anzulegen gelte. Auch Mückstein ruft dazu auf, sich impfen zu lassen und die Schutzmaßnahmen einzuhalten, kritisiert die »augenzwinkernde Wurschtigkeit«, mit der manche der Pandemie begegnen.

Mit Ausnahme des Burgenlandes – Landeshauptmann Hans Peter Doskozil verweist auf eine erfolgreiche Impfkampagne, dank der man die höchste Durchimpfungsquote der Republik habe – tragen alle Länder die Verschärfung mit. Eine größere öffentliche Debatte darüber, dass man hier binnen drei Tagen ein gutes Drittel der Menschen in Österreich von weiten Teilen des öffentlichen Lebens ausschließt, findet unter dem Eindruck der dramatisch steigenden Zahlen nicht statt. Die einzig laute Proteststimme ist die FPÖ: Es gebe keinen Grund, gesunden und getesteten Menschen den Zutritt zu Lokalen zu verwehren, kritisiert Parteichef Herbert Kickl.

Wieder machen die Beamten im Gesundheitsministerium Überstunden, erst am Sonntagabend macht Mückstein die entsprechende Verordnung kund. Das Virus lässt sich davon aber nicht beeindrucken: Auch über die nächsten Tage steigen die Zahlen weiter. Vor allem in Salzburg und Oberösterreich spitzt sich die Situation zu. Mückstein drängt darauf, in diesen Ländern weitergehende Maßnahmen bis hin zu regionalen

Lockdowns zu setzen, die Landeshauptleute Wilfried Haslauer und Thomas Stelzer lehnen das bei einem Video-Krisengipfel mit dem Gesundheitsminister, gerade einmal zwei Tage nach Start der 2G-Regelung, zunächst noch ab. In einem Interview stellt Haslauer in den Raum, manchen Virologen wäre es am liebsten, »wenn jeder einzelne Salzburger und Österreicher in ein Zimmer eingesperrt ist«.

Einstweilen mehren sich auch international die Berichte über Impfdurchbrüche. In Deutschland warnt Virologe Christian Drosten davor, von einer »Pandemie der Ungeimpften« zu sprechen: »Wir haben eine Pandemie, zu der alle beitragen – auch die Geimpften, wenn auch etwas weniger«. Die nun vorherrschende Delta-Variante des Virus habe »leider die Eigenschaft, sich trotz der Impfung zu verbreiten«.

In Österreich kommt die Botschaft vorerst nicht an. Bundeskanzler Schallenberg schließt noch Mitte dieser Woche kategorisch einen Lockdown aus, der auch Geimpfte betrifft: Einen allgemeinen Lockdown »aus Solidarität mit den Ungeimpften soll es nicht geben«, sagt Schallenberg. »Ich sehe nicht ein, dass zwei Drittel ihrer Freiheit verlustig gehen, weil ein Drittel zaudert.« Er sehe »auch demokratiepolitisch« nicht ein, warum sich die Mehrheit von der Minderheit »in Geiselhaft« nehmen lassen solle. Aber für die Ungeimpften werde es zunehmend ungemütlich werden – wenn sich die Infektionen so weiterentwickeln würden, werde man einen Lockdown für Ungeimpfte verhängen müssen, wie Ende Oktober in einer Erweiterung des Stufenplans angesagt. Er hoffe, dass diese – wörtlich – »Drohkulisse« Wirkung zeigen werde.

Schallenbergs Position ist zu diesem Zeitpunkt beileibe keine Minderheitenmeinung in der Regierung. Tourismusministerin Elisabeth Köstinger, eine der engsten Vertrauten

Kurz', erklärt in derselben Woche, dass »die Zeit der Solidarität mit jenen, die sich aus fadenscheinigen Gründen nicht impfen lassen wollen, abgelaufen« sei. »Warum sollen Schülerinnen und Schüler solidarisch mit den Ungeimpften sein?«, stellt Bildungsminister Heinz Fassmann, verantwortlich für das umfangreiche Schultest- und -screening-Programm, in den Raum.

Auf die Worte folgen Taten: Ende derselben Woche einigt sich die Koalition auf eine Ausweitung der Einschränkungen für Ungeimpfte: Aus der 2G-Regelung wird ein »Lockdown für Ungeimpfte«: wer weder geimpft noch genesen ist, darf nun nicht mehr hinein in Lokale, Veranstaltungen und manche Geschäfte – und er darf auch nur aus wenigen Ausnahmegründen hinaus in die Öffentlichkeit. Wieder wird die Maßnahme an einem Freitag verkündet, der Hauptausschuss des Nationalrats tritt sogar erst am Sonntag zusammen, um die Maßnahme – nur mit den Stimmen von ÖVP und Grünen – abzusegnen.

Kritische Stimmen, dass es nicht ausreichen könnte, nur auf die Ungeimpften abzuzielen, gibt es bis zu diesem Moment noch wenige; Bernhard Wurzer, Chef der größten Krankenkasse ÖGK, ist eine davon. Der Lockdown für Ungeimpfte sei praktisch unmöglich zu administrieren, sagt Wurzer an diesem Freitag – er gehe davon aus, dass ein Lockdown für alle, also auch für die Geimpften, notwendig sein werde. Ein anderer prominenter Fürsprecher eines allgemeinen Lockdowns ist Mücksteins Vorgänger Rudolf Anschober: In seiner Kolumne in der *Krone* schreibt er, zumindest in Salzburg und Oberösterreich werde es »klare politische Vorgaben durch einen kurzen, konsequenten Lockdown für alle« brauchen.

Zusätzlicher Druck für weitere Maßnahmen kommt gleichzeitig mit dem Beschluss für den Ungeimpften-Lockdown aus Deutschland: Mit Sonntag erklärt das Robert-Koch-Institut, an dessen Empfehlungen sich das Gesundheitsministerium und die Länder orientieren, Österreich zum Hochrisikogebiet. Eine Hiobsbotschaft für die heimischen Hoteliers und Skigebiete: Denn die Rückreise aus einem Hochrisikogebiet bedeutet nicht nur für Ungeimpfte, sondern auch für alle Kinder unter zwölf Jahren eine mehrtägige Quarantänepflicht nach der Rückkehr nach Deutschland; damit drohen massive Stornos der wichtigsten Urlaubergruppe im Wintertourismus.

Trotzdem bemüht sich die Regierung um Einigkeit: »Lockdown für Geimpfte kein Thema – Mückstein: Aber weitere Gespräche mit Ländern – Schallenberg gegen generelle Impfpflicht« titelt die Austria Presse Agentur noch am 14. November, einen Tag vor Inkrafttreten des Lockdowns für Ungeimpfte, eine Zusammenfassung der Lage.

Diese Lage sollte sich aber rapide ändern. Schon am Montag schlägt die Geschäftsführung der Salzburger Landesspitäler Alarm. Man sehe sich gezwungen, eine »Überlastungsanzeige« zu stellen – die Behandlung weiterer Patienten nach geltenden medizinischen Standards und Sorgfaltsmaßstäben könne angesichts der Vielzahl an Covid-Patienten bald nicht mehr garantiert werden. Die Kliniken stellen ein »Triageteam« aus fünf Ärzten und einer Juristin zusammen, das entscheiden soll, wer einen Platz auf der Intensivstation bekommt und wer nicht.

Während in der Bundesregierung noch über einzelne Schritte diskutiert wird – Mückstein erwägt nächtliche Ausgangsregeln, Köstinger will die Nachtgastronomie verteidigen – »Ich halte überhaupt nichts von den Wortmeldungen des Gesundheitsministers« –, fordern mehr und mehr Experten weitergehende Maßnahmen. Zeitungen und andere Medien sind voll mit Ärzten, die die Zustände in Salzburg anprangern.

Das Bremspotenzial der 2G-Regeln sei zu gering, um eine schnelle, nachhaltige Senkung des Infektionsgeschehens zu bewirken, heißt es in der neuen Vorschau des Covid-Prognosekonsortiums, die am Mittwoch erscheint. An diesem Mittwoch meldet Österreich mit 14 416 eine neue Höchstzahl an Infektionen, tags darauf werden es erstmals mehr als 15 000 (und 55 Todesfälle) sein.

Am Donnerstag geben die Landeshauptleute Haslauer und Stelzer auch unter massiver öffentlicher Kritik ihren Widerstand auf: »Wenn es zu keinem bundesweiten Lockdown kommt, werden Oberösterreich und Salzburg ab nächster Woche in den Lockdown gehen«, sagt Stelzer im Landtag – ein allgemeiner, »harter« Lockdown, für Geimpfte wie Ungeimpfte. Haslauer, der noch eine Woche davor die Virologen kritisiert hatte, zieht nun ebenfalls mit: »Wir haben heute erneut eine enorme Zahlenentwicklung. Wir sehen keine Alternative zu einem Lockdown mit Beginn nächster Woche mehr.« Beide wollen bei einer Sitzung der Landeshauptleutekonferenz, die an diesem Abend in Tirol stattfinden soll, für einen Lockdown in ganz Österreich argumentieren.

ACHENSEE

Über das, was dann dort in den Seminar- und Raucherzimmern des »Hotel Entners« am Achensee in der Nacht von 18. auf 19. Oktober passiert, ist seither viel erzählt und geschrieben worden. Nicht alle Versionen passen nahtlos zusammen, aber in Summe zeichnet sich ein klares Bild. Ein Bild, das auch viel darüber aussagt, wie in Österreich politische Kompromisse geschlossen werden, wo die Machtzentren in Parteien und Republik liegen – und wo nicht. »Kompromiss ohne

Kontroverse« wird Alexander Bogner, Forscher an der ÖAW, zwei Jahre später das einschlägige Kapitel des Corona-Aufarbeitungsberichtes betiteln, mit dem ihn die Bundesregierung beauftragt hat. Er zeichnet dort ein verheerendes Bild der demokratischen (Un-)Kultur in Österreich – und wie exemplarisch dafür die Achensee-Konferenz steht.

Was jedenfalls klar ist: Als am Freitagvormittag nach nur wenigen Stunden Schlaf Schallenberg und Mückstein sowie die Landeshauptleute Günther Platter (Tirol, ÖVP) und Michael Ludwig (Wien, SPÖ) vor die Öffentlichkeit treten, präsentieren sie eine Einigung, die in dem Moment viele überrascht. Erstens: Ja, es wird einen Lockdown geben – in ganz Österreich, für alle, Geimpfte wie Ungeimpfte. Noch einmal wird praktisch das gesamte gesellschaftliche Leben, Geschäfts- und Freizeitleben bis auf den essenziellen Handel und die Skigebiete schließen; Schulen bleiben diesmal formal geöffnet, die Schüler werden aber entschuldigt, sollten sie nicht kommen; wo möglich, wird bei der Arbeit Homeoffice empfohlen.

Und zweitens: Die drei involvierten Parteien – ÖVP, Grüne und auch die durch die drei Landeshauptmänner vertretene SPÖ – verpflichten sich zur »Einleitung eines Gesetzgebungsverfahrens (inkl. Begutachtungsverfahren) zur Einführung einer allgemeinen Impfpflicht mit Inkrafttreten spätestens am 1. Februar 2022 – unter Beachtung einer gebotenen verfassungsrechtlichen Frist zur operativen Umsetzung«, wie es in dem von allen anwesenden Gipfelteilnehmern unterschriebenen Papier heißt.

Also, zusammengefasst: Das noch zu seiner Zeit als Bundeskanzler gegebene Versprechen von Sebastian Kurz – »es gibt keine Impfpflicht und wir werden keine einführen« – wird in dieser Nacht genauso gebrochen wie Schallenbergs Beschwörungen von gerade einmal einer Woche vor dem Achen-see-Treffen, ein Lockdown für Geimpfte komme nicht infrage.

Wie ist es dazu gekommen? Im Wesentlichen sind die Landeschefs mit ihren jeweiligen Positionen in die Sitzung gegangen: Die SPÖ-Vertreter Michael Ludwig (Wien), Peter Kaiser (Kärnten) und Hans Peter Doskozil (Burgenland) hatten sich mit ihrer Parteichefin (und Infektionsmedizinerin) Pamela Rendi-Wagner auf eine Pro-Lockdown-Linie verständigt. In der ÖVP wollten Haslauer und Stelzer nicht allein bleiben, schon am Nachmittag hatte auch die Vorarlberger Landespartei Zustimmung signalisiert. Und Hermann Schützenhöfer, Landeshauptmann der Steiermark, hatte als Einziger der Anwesenden schon 2020 mehrmals öffentlich Sympathien für eine Impfpflicht gezeigt – und diese in dieser Woche in internen Gesprächen erneuert: Ohne Impfpflicht werde man der Lockdown-Infektionsspirale nie entkommen.

In den Verhandlungen, die bis nach 3 Uhr früh dauern, findet sich ein Kompromiss, beides – Lockdown und Impfpflicht – miteinander zu verknüpfen. So kann man das Virus mit der effektivsten Methode, dem Lockdown, bekämpfen – und die Politiker, die den Geimpften zuvor versprochen hatten, dass sie sicher wären, können zumindest erklären, dass die Ungeimpften im Gegenzug verpflichtet werden, sich impfen zu lassen. Dass die Vertreter der Regierung sich zuvor nicht auf eine Linie geeinigt hatten und noch dazu zeitlich versetzt eintrafen – Mückstein, wie alle grünen Regierungsmitglieder mit einem E-Dienstauto unterwegs, hatte auf halber Strecke eine Ladepause einlegen müssen –, dürfte mit dazu geführt haben, dass die Länderchefs sich mit ihren Positionen durchsetzen konnten.

Als sie dann am Freitagvormittag vor die Presse treten, liegt es an Schallenberg und Mückstein, den Bürgerinnen und Bürgern die Kehrtwende zu erklären – und sogar um Entschuldigung zu bitten. »Leider sind auch wir als Bundesregierung hinter unseren Ansprüchen zurückgeblieben. Ich möchte mich dafür entschuldigen«, sagt der Gesundheitsminister. Ähnliche Bekenntnisse werden in den nächsten Stunden und Tagen von vielen Politikern folgen – Schützenhöfer etwa befindet, »das Bild, das wir alle nach dem letzten Sonntag abgegeben haben, war für uns erbärmlich. Da will ich niemandem die Schuld zuweisen und nehme auch mich nicht aus.« Das habe auch auf die Konferenz am Achensee Auswirkungen gehabt, man habe bewusst versucht, »einen Weg zu gehen, der den Menschen zeigt: Die meinen es ernst, wir müssen eine Zeit lang alles andere unterordnen.«

Den Nachteil, den es hat, eine so schwerwiegende Entscheidung – Österreich ist der einzige europäische Staat, der eine allgemeine Impfpflicht einführt, weltweit ist es nur eine Handvoll, etwa Turkmenistan, Indonesien oder Ecuador – in einem elitären Kreis von einem Dutzend Menschen zu treffen, wird Bogner in seiner Aufarbeitung später so formulieren: »Mit Blick auf den politischen Prozess, der zur Verabschiedung der Impfpflicht führte, kann man also sagen: Die Regierung hat mit der **Verkündung der Impfpflicht** *de facto* die Debatte geschlossen und den Gegner:innen der Maßnahme dadurch signalisiert, dass ihre Meinungen und Beiträge nicht mehr wichtig sind. Das heißt, während im Vorfeld der LH-Konferenz eine öffentliche Debatte fehlte, war sie nach Verkündung des Quasi-Beschlusses entwertet. Damit wurde die Impfpflicht einer systematischen politischen Deliberation weitgehend entzogen. Diese Entpolitisierung wirkte im weiteren Verlauf der Pandemie auf paradoxe Weise politisierend: Mangels einer kontroversen und ergebnisoffenen Debatte im Vorfeld wurden die Auseinandersetzungen um die Impfpflicht eigentlich erst nach ihrer offiziellen Verkündung wirklich geführt – dann aber in Form eines Protests, der für besonnene Kritik und differenzierte Zwischentöne keinen Platz mehr ließ.« (Hervorhebungen im Original)

Zum Wortführer dieses Protests macht sich einmal mehr FPÖ-Chef Herbert Kickl: »Österreich ist mit heutigem Tag eine Diktatur!«, reagiert Kickl auf die Ankündigungen vom Achensee. Ein Slogan, der in den folgenden Wochen unter Maßnahmengegnern im ganzen Land widerhallen wird. Schon am Samstag versammeln sich Zehntausende von ihnen auf einer Großdemonstration in Wien – ursprünglich war sie gegen den Lockdown für Ungeimpfte angesetzt, nun hat sie einen neuen Fokus.

Das sollte man aber nicht mit der Mehrheitsposition verwechseln. Mehrere Umfragen in diesem Herbst belegen – nicht nur in Österreich, auch in der Schweiz und Deutschland, die ähnliche Maßnahmen erwägen –, dass eine klare Mehrheit der Bürger eine Impfpflicht grundsätzlich richtig findet. Auch in den Sonntagsfragen schlagen sich die Ankündigung von Lockdown und Impfpflicht nicht negativ nieder: ÖVP und Grüne stagnieren Ende 2021 bis Mitte 2022 auf dem Niveau, auf dem sie nach Kurz' Rückzug zu liegen gekommen sind, die ÖVP bei um die 25, die Grünen um die 12 Prozent. Die SPÖ, die die Maßnahmen voll unterstützt und mitträgt, gewinnt in dieser Zeit sogar dazu und erreicht Mitte 2022 ihre besten Werte seit fast einem Jahrzehnt mit um die 30 Prozent.

Die zentralen Akteure dieser turbulenten Tage verlassen bald darauf die erste Reihe wieder: Nachdem Kurz Anfang Dezember seinen kompletten Rückzug aus der Politik ankündigt, übernimmt Innenminister Karl Nehammer die ÖVP und wird Bundeskanzler. Schallenberg kehrt – sichtlich erleichtert – ins Außenministerium zurück. Mückstein tritt

Anfang März nach Morddrohungen radikaler Maßnahmengegner zurück – »die Sicherheitsleute haben mir eine schusssichere Weste ins Auto gelegt, da habe ich gewusst, ich kann nicht mehr«.

So politisch und faktisch einschneidend die Einigung vom Achensee war und so wirksam der folgende Lockdown sich hinsichtlich der Infektionslage erweist: Das Ereignis, das wahrscheinlich mehr als alles andere zur Überwindung der Pandemie in Österreich beiträgt, folgt erst Ende desselben Monats: Am 27. November meldet Tirol den ersten Infektionsfall mit der neuen Virusvariante »Omikron«. Diese ist zwar noch ansteckender als die bisherigen Varianten, zieht aber – wie sich mittelfristig herausstellen wird – in den meisten Fällen weit weniger schwere Krankheitsverläufe nach sich. Der letzte allgemeine Lockdown endet stufenweise im Dezember, der »Lockdown für Ungeimpfte« läuft noch bis Ende Jänner weiter.

Im Frühling 2022 erlebt Österreich durch die Omikron-Variante zwar ungeahnte Infektionszahlen – der 7-Tage-Schnitt reicht stellenweise bis über 40 000 Neuinfektionen –, aber die Lage auf den Intensivstationen bleibt vergleichsweise entspannt: So brenzlig wie im vorangegangenen November wird es nun nicht einmal mehr im Ansatz.

Das ermöglicht der Regierung, auch die Impfpflicht noch einmal zu überdenken, die zwar im Jänner mit den Stimmen von ÖVP, SPÖ, Grünen und Neos (mit einzelnen »Abweichlern«) beschlossen wird, aber auf eine Menge faktischer Probleme stößt: Nicht nur war die erhoffte große Impfwelle ausgeblieben, auch zahlreiche Institutionen, die es zur Umsetzung des Vorhabens wie der zwangsweisen Impfung von mehr als einer Million Menschen brauchen würde, melden Schwierigkeiten an. Das fängt bei der Betreibergesellschaft der elektronischen Krankenakte – sie sollte Ungeimpfte an die Behörden melden, damit sie gestraft werden können – an, die erklärt, für diese Abfrage mehrere Monate Vorlauf zu brauchen. Das geht bei den Bezirkshauptmannschaften und Verwaltungsgerichten weiter, die befürchten, angesichts der gut organisierten Impfgegner und der zu erwartenden Einsprüche nicht genug Ressourcen zu haben, die Strafen abwickeln zu können. Und das geht bis zum ORF, der – als Zuckerbrot zur Peitsche – auf Wunsch von Regierung und SPÖ eine »Impflotterie« durchführen soll, sich aber nicht dafür einspannen lassen will.

Die Impfpflicht tritt formal mit 5. Februar 2022 in Kraft, gestraft werden soll erst ab Mitte März. Das bleibt der Republik aber erspart: Eine Kommission aus Juristen und Medizinern, die die Sinnhaftigkeit der Impfpflicht noch einmal evaluieren soll, empfiehlt am 8. März, die Pflicht auszusetzen – mit der für die Gesundheitssysteme vergleichsweise wenig belastenden Omikron-Variante sei sie schlicht nicht mehr verhältnismäßig.

Der Verfassungsgerichtshof wird später zu dem Schluss kommen, dass sowohl die 2G-Regeln als auch die Impfpflicht in Anbetracht der Lage im Herbst 2021 grundsätzlich verhältnismäßig und verfassungskonform waren. Sogar der Lockdown für Ungeimpfte habe keinen Verstoß gegen die Grundrechte dargestellt – mit Ausnahme der Tatsache, dass er im Frühjahr 2022 an wechselnde Bedürfnisse hätte angepasst werden müssen, etwa indem er die Möglichkeit für Friseurbesuche hätte bieten sollen.

Der neue Gesundheitsminister Johannes Rauch (Grüne) hat in den folgenden Wochen im Vergleich zu seinen Vorgängern Anschober und Mückstein eine weit ruhigere Aufgabe: Schrittweise nehmen er und die Landeshauptleute nach und nach alle Corona-Maßnahmen zurück, im Juni endet mit der bundesweiten Maskenpflicht in Supermärkten und öffentlichen Verkehrsmitteln die sichtbarste verbliebene Corona-Einschränkung. Nur in Wien läuft die Maskenpflicht noch bis 2023 weiter. Diese Krise ist damit für weite Teile der Bevölkerung und der Politik zu Ende.

Entspannter wird es dadurch aber nicht – denn im Frühjahr 2022 kehrt das Gespenst des Krieges nach Europa zurück. Mit massiven Folgen auch für Österreich.

→ Unabhängig davon, welche Politik man macht: Der Staat und sein Verwaltungsapparat sollten jederzeit so aufgestellt sein, dass er für die wahrscheinlichsten Krisen Personal und Notfallpläne hat.

→ In Krisen ungewisser Dauer mit vielen Unbekannten ist es unklug, schnelle, »heroische« Lösungen oder fixe »Stufenpläne« zu suggerieren. Besser ist es, transparent zu Unabwägbarkeiten zu stehen und die Situation Tag für Tag zu bewerten – und klarzumachen, dass man nichts versprechen kann.

→ Gerade in Krisen sollte klar sein, wer wofür verantwortlich ist – welche Entscheidungen politisch verhandelt werden müssen und welche man allein treffen kann.

→ Auch wenn das in Österreich keine Tradition hat: Je intensiver eine staatliche Maßnahme in die Rechte des Einzelnen eingreift, desto umfassender und offener sollte sie im Vorfeld diskutiert werden. Eine Impfpflicht in einer elitären Runde zu beschließen und die Republik vor vollendete Tatsachen zu stellen, ist ein No-Go.

KAPITEL 9

RUSSLAND, INFLATION UND TÜRKIS-GRÜN

→ Wie Russlands Invasion der Ukraine in Österreich nachhallt.

→ Was die Regierung gegen die Teuerung unternehmen will.

→ Woran Türkis-Grün gescheitert ist, wo die Koalition Erfolg hatte.

Als die letzten Corona-Maßnahmen auslaufen, liegt über Österreich bereits ein neuer Schatten. In den frühen Morgenstunden des 24. Februar 2022 überschreiten russische Truppen die ukrainische Grenze – der Überfall, den der Westen trotz wochenlanger Warnungen der USA bis zuletzt nicht wahrhaben wollte, ist bittere Realität geworden. In einer TV-Ansprache rechtfertigt Präsident Wladimir Putin den Angriff als »Selbstverteidigung« und droht jedem, der sich einmischt, mit »Konsequenzen, wie ihr sie in eurer Geschichte noch nie erlebt habt«.

Bundeskanzler Karl Nehammer und seine Minister verurteilen den Angriff entschieden. »Österreichs uneingeschränkte Solidarität gilt der Ukraine. In diesen dunklen Stunden sind unsere Gedanken bei den Menschen in der Ukraine«, sagt Nehammer im eilig einberufenen Krisenkabinett. Außenminister Alexander Schallenberg fährt härtere Geschütze auf und spricht von einem »eklatanten Bruch des Völkerrechts und einem Angriff auf die Friedensordnung in Europa« und stimmt die Österreicher auf harte Sanktionen ein, die man mittragen werde.

In den nächsten Tagen und Wochen schnürt die EU im Eiltempo ein bis dahin beispielloses Sanktionspaket: Einreisesperren, das Einfrieren von Vermögenswerten, der Ausschluss Russlands aus dem internationalen Zahlungssystem SWIFT. Österreich, dessen Banken, Unternehmen und Pensionsfonds eng mit Russland verflochten sind, zögert zunächst, trägt aber unter dem Eindruck des brutalen Angriffs dann doch alles mit – auch wenn Unternehmen wie Raiffeisen International zwei Jahre nach dem Angriff noch immer Geschäfte in Russland machen werden.

Gerade das neutrale Österreich, das unter Sebastian Kurz und der FPÖ eine »strategische Partnerschaft« mit Russland gepflegt und dessen Außenministerin Putin sogar zu ihrer Hochzeit eingeladen hatte, muss sich nun Gedanken über seine Beziehung zu Russland machen. Bundespräsident Alexander Van der Bellen gesteht öffentlich ein, sich wie die meisten getäuscht und zugleich den Dialog zu wenig gesucht zu haben. Kanzler Nehammer sagt kleinlaut, man sei »nicht naiv« gewesen, aber falsch gelegen.

Doch für Selbstzweifel bleibt wenig Zeit. Zu groß ist der Schock über die Brutalität Putins, der trotz erster Verhandlungen seine Armee immer weiter vorrücken lässt, Städte bombardiert und Zivilisten töten lässt. Als mehr und mehr Berichte über die russischen Kriegsverbrechen die Runde machen, ist auch in Österreich die anfängliche Zurückhaltung, die alte Beziehungen nicht ganz kappen wollte, wie weggefegt. Nehammer lässt ukrainische Fahnen am Kanzleramt hissen und sichert Präsident Wolodymyr Selenskyj Österreichs »volle Unterstützung« zu.

Doch als die Ukraine um Waffen bittet, ist für die Republik eine Grenze erreicht, die sie auch im Angesicht des Krieges nicht überschreiten will. In einer Sondersitzung des Nationalrats betonen Nehammer und die Parteichefs unisono, dass Österreich keine Waffen in Kriegsgebiete liefern werde – die Neutralität gehe vor. Freilich: Es sei eine militärische Neutralität, aber keine politische, wie es der Kanzler formuliert. Indirekt werde man die Ukraine jedoch mit Schutzausrüstung, Treibstoff und Lebensmitteln unterstützen. Eine Diskussion, ob denn diese Neutralität heute überhaupt noch zeitgemäß ist, findet nicht statt. Nur die Neos fordern seither immer wieder (erfolglos) eine Debatte darüber ein.

Zudem öffnet Österreich seine Grenze für ukrainische Flüchtlinge und führt für sie eine eigene Kategorie abseits des normalen Asylsystems ein: »Vertriebene«. Die Republik wird die Versorgung und Unterbringung der Ukrainer übernehmen, um eine Überforderung der Länder wie 2015 zu vermeiden. Integrationsministerin Susanne Raab koordiniert nun von einem eigens geschaffenen Krisenstab aus mit NGOs und Behörden, um Quartiere und Deutschkurse zu organisieren. Anders als 2015 bleiben die Spannungen zwischen Bund und Ländern gering. Innerhalb von zwei Jahren kommen fast 80 000 Menschen aus der Ukraine nach Österreich – mehr als doppelt so viele, wie Österreich sich 2016 als »Obergrenze« für Schutzsuchende vorgenommen hatte.

Auf internationaler Bühne versucht sich Österreich derweil mit mäßigem Erfolg als Vermittler zu positionieren. Anfang April lässt Kanzler Nehammer aufhorchen, als er als erster westlicher Regierungschef seit Beginn des Krieges nach Kiew reist. Von Butscha, einer ukrainischen Kleinstadt, in der russische Invasoren Hunderte Menschen ermordet hatten, zeigt sich der Kanzler tief bewegt. Zurück in Wien lässt er Schallenberg den russischen Botschafter vorladen und verlangt ein Ende des Blutvergießens.

Zwei Tage später versucht Nehammer einen noch größeren Coup: Als erster westlicher Regierungschef seit Kriegsbeginn fliegt er nach Moskau, um Putin persönlich zur Rede zu stellen. »Ich habe dies nicht aus Jux und Tollerei getan, sondern auf Ersuchen des ukrainischen Präsidenten«, rechtfertigt sich Nehammer bei seiner Rückkehr nach scharfer internationaler Kritik – die EU wollte Putin eigentlich diplomatisch isolieren. »Ich musste in Putins Gesicht sehen und ihm sagen, dass seine Armee in der Ukraine Kriegsverbrechen begeht.« Realpolitisch bringt das Treffen mit Putin nichts.

Nehammer hat einen anderen Führungsstil als sein Vorvorgänger Kurz zu bieten: Weniger inszeniert, bodenständiger. Dass er selbst Milizoffizier und spezialisiert auf die Kommunikation militärischer Lagen ist, nützt ihm jetzt: Wenn Nehammer von Panzerdivisionen und Kriegslogistik spricht, davon dass jederzeit eine Bombe eine für Österreich wichtige Gasleitung treffen könnte, nimmt man ihm ab, dass er weiß, wovon er spricht. In gewisser Weise kommt das Nehammer entgegen: Statt über die Ermittlungen gegen Kurz und die ÖVP zu reden, drehen sich seine Antrittsinterviews wochenlang praktisch ausschließlich um den Krieg und Österreichs Reaktionen darauf.

Die Ukraine-Krise wird die verbleibenden Jahre der Legislaturperiode prägen: Die Republik beschließt etwa, das Heeres-Budget nach dürren Jahren und Jahrzenten deutlich aufzustocken: Bis 2027 sollen die Ausgaben für Landesverteidigung auf 1,5 Prozent des BIP steigen, das wären rund sechs Milliarden Euro. Ausgerechnet die grüne Energieministerin Leonore Gewessler ist derweil dafür verantwortlich, gemeinsam mit den Energiekonzernen Österreichs alternative Wege der Versorgung mit fossilem Gas zu finden und eine »strategische Gasreserve« anzulegen.

Während dies gelingt, fällt die Bilanz bei der Reduktion der Abhängigkeit von Russland blamabel aus: Zwei Jahre nach Beginn der russischen Invasion liegt im März 2024 der Anteil russischen Erdgases an Österreichs Importen bei 93 Prozent und damit bei praktisch derselben Importmenge wie im Februar 2022.

Schon Mitte 2022 schwappt infolge des russischen Angriffs die nächste Krise von der Ukraine nach Österreich. Im Sog des Krieges schnellen die Preise für Energie und Lebensmittel in die Höhe, auch andere Güter des täglichen Bedarfs werden teurer. Der VPI, Österreichs Teuerungsindex, erreicht im Herbst die 10-Prozent-Marke. Viele Bürger fragen sich, wie sie Strom und Einkäufe noch bezahlen sollen.

Die Regierung steht unter Druck, rasch zu handeln. Während SPÖ und FPÖ lautstark »Preisdeckel« fordern, sperrt sich die ÖVP dagegen – aus Sorge, zu sehr in den Markt einzugreifen. Die Grünen wiederum warnen davor, Öl und Gas zu subventionieren und damit klimaschädliches Verhalten zu belohnen. Finanzminister Magnus Brunner drängt indes auf Zurückhaltung beim Budget. Das Gezerre in der Koalition um Entlastungsschritte wird zur Geduldsprobe für die Bürger.

Erst als der VPI bereits an der 11-Prozent-Marke kratzt, rauft sich Ende Oktober die Koalition zu einem umfassenden Entlastungspaket zusammen: Energiegutscheine, Einmalzahlungen für besonders Bedürftige, Steuersenkungen für Geringverdiener. Allein 2023 kosten die Maßnahmen gegen die Teuerung den Bund mehr als zwölf Milliarden Euro, wird das Wifo später vorrechnen.

Herzstück ist aber die Abschaffung der »Kalten Progression«. Durch sie rutschen Steuerzahler allein wegen der Inflation in höhere Steuerstufen, ohne real mehr zu verdienen – eine versteckte Steuererhöhung. Nun will die Regierung die Steuerstufen künftig automatisch an die Inflation anpassen, einen Teil der Entlastung darf sie selbst umverteilen. Auch Sozialleistungen werden von nun an jedes Jahr an die

Inflation angepasst. Das ist argumentierbar die größte Reform, die die türkis-grüne Koalition überhaupt beschließt.

Das Prestigeprojekt Nehammers ist ein Erfolg – zumindest fürs Renommee der Regierung. Praktisch alle Experten und Interessensgruppen – vom Fiskalrat über die Arbeiterkammer bis zur Industriellenvereinigung – loben die Abschaffung der Kalten Progression als längst überfällig. Nur das Ressort von Finanzminister Brunner sorgt sich um den Bundeshaushalt, dem durch die automatische Anpassung jedes Jahr Hunderte Millionen Euro entgehen.

Schon bald zeigt sich: Die Teuerung lässt sich damit nicht aufhalten. Nehammer und Kogler betonen, die Regierung wolle die Kaufkraft der Bürger erhalten, statt durch Markteingriffe die Inflationsrate künstlich zu dämpfen – das habe funktioniert, wird die Regierung später von Experten vorrechnen lassen. Dennoch, die Preise steigen, besonders bei Strom führt die Regierung dann doch eine zeitlich befristete »Preisbremse« ein. Die Opposition wittert Morgenluft und schießt sich auf den Kanzler ein. SPÖ-Chefin Rendi-Wagner fordert einen sofortigen Mietpreisdeckel, FPÖ-Obmann Herbert Kickl geißelt die Regierung als »Bande von Abzockern«. Bei den Landtagswahlen in Tirol und Niederösterreich fährt die FPÖ deutliche Zugewinne ein.

KOALITIONSKLIMAKRISE

Was bleibt von der türkis-grünen Koalition, wenn man die Krisenbewältigung einmal beiseitelässt? Nun, untätig war die Regierung nicht: Noch 2021, mitten in den Corona-Maßnahmen, einigt sie sich auf die »ökosoziale Steuerreform«. Neben der Senkung von Einkommen- und Körperschaftssteuertarifen wird der »Familienbonus« auf 2.000 Euro pro Kind erhöht, und eine jährlich steigende CO_2-Bepreisung im Verkehr und beim Heizen soll die Menschen überzeugen, weniger fossile Energie zu verbrauchen. Weil das aber niemandem weh tun soll, bekommt jeder im Gegenzug einen nach Wohnort gestaffelten Betrag als »Klimabonus« ausgezahlt.

Deutlich erhöht werden Förderungen für den Ausbau erneuerbarer Energien und andere Umwelt- und Klimamaßnahmen; das »Klimaticket«, eine Jahreskarte für alle öffentlichen Verkehrsmittel im Land, lässt sich die Koalition ebenfalls Hunderte Millionen Euro kosten. Ab 2025 gilt in Österreich zudem die lange verhandelte »Informationsfreiheit«, der zufolge Ämter und Behörden eine Menge an Informationen (etwa über Beschaffungsvorgänge) aktiv zur Verfügung stellen müssen. Pflege- und Gesundheitsreformen sollen schließlich den Herausforderungen der alternden Gesellschaft entgegenwirken.

Rückblickend sind die Jahre der türkis-grünen Koalition ab 2020 ein permanenter Krisenmodus. Obwohl die Grünen sich in Untersuchungsausschüssen mehr wie eine Oppositionspartei gerieren und ihre türkisen Partner in die Mangel nehmen, und obwohl die WKStA unter Justizministerin Alma Zadić auch gegen die ÖVP und ihre Spitzen ermittelt, funktioniert die Zusammenarbeit unter den gegebenen Umständen zunächst gut; bei Unstimmigkeiten rücken die Klubobleute August Wöginger und Sigrid Maurer aus und glätten die Wogen.

Erst als bei Hausdurchsuchungen im Herbst 2021 Vorwürfe gegen Sebastian Kurz und sein Umfeld publik werden, eskaliert die Lage: Die Grünen stellen Kurz vor die Wahl, entweder er gehe als Kanzler oder sie würden die Koalition beenden – nachdem auch türkise Landeschefs ihm signalisieren, so gehe es nicht weiter, entscheidet Kurz sich für einen Rücktritt auf Raten, die Koalition wird – nach dem Schallenberg-Intermezzo – unter Karl Nehammer fortgesetzt.

Trotz anfänglicher Erfolge wird mit fortschreitender Dauer der »Beste-beider-Welten«-Koalition deutlich, dass sie abseits der Krisenmaßnahmen in zentralen Vorhaben zu scheitern droht: Als im Frühling 2023 die Details für Österreichs neuen »Nationalen Energie- und Klimaplan« (NEKP) verhandelt werden, der der EU den österreichischen Weg zur Klimaneutralität bis 2030 zeigen soll, liegen die Positionen der Koalitionspartner meilenweit auseinander. Als Gewessler einen nicht mit der ÖVP akkordierten Entwurf des NEKP nach Brüssel schickt, wird sie von Europaministerin Karoline Edtstadler overrult – Österreich ist im späten Frühling 2024 das einzige Land, das noch keinen überarbeiteten Plan vorgelegt hat.

Aber auch im Inland hat die Koalition es schwer mit verbindlichen Zielen: Eine Bodenschutzstrategie gegen übermäßige Flächeninanspruchnahme scheitert am Widerstand des Gemeindebundes, ein zentrales Klimaschutzgesetz fehlt seit Jahren. Einen bereits fertigen Entwurf für ein ambitioniertes »Erneuerbares Wärmegesetz«, das den verpflichtenden Tausch von Öl- und Gasheizungen bis 2040 vorgesehen hätte, zieht die Koalition zurück: Angesichts der Proteste, die ein ähnliches Gesetz in Deutschland ausgelöst hatte, verlässt die Regierung der Mut, stattdessen werden nur Förderungen für Leute beschlossen, die eine andere Heizung einbauen lassen.

Auch der neue »Finanzausgleich« – die Aufteilung der Steuereinnahmen zwischen Bund, Ländern und Gemeinden – gelingt nur in wenigen Aspekten: Statt einer umfassenden Aufgabenorientierung einigt man sich im Großen und Ganzen abermals nur auf eine prozentuelle Verteilung des Geldes. Zusätzlich kommt ein neuer »Zukunftsfonds«, der Ländern und Gemeinden für wenige bestimmte Aufgaben Geld überweist – die genauen Kriterien werden erst später nachgeliefert. Dass das Modell kein besonders großer Triumph ist, zeigt sich schon allein daran, dass der Gemeindebund bald nach Beschluss des neuen Finanzausgleichs wieder eine »Gemeindemilliarde« fordert (und zugesagt bekommt), um über die Runden zu kommen.

Das ist symptomatisch für die türkis-grüne Koalition: Sie »löst« viele Probleme, indem sie mehr Geld in die Hand nimmt – harte Strukturreformen, die vielleicht auch jemandem weh tun würden – ein Effekt, der stark davon abhängt, wie viel Spielraum man noch im Budget hat. Und der wird von Jahr zu Jahr kleiner.

→ Staatsmännisches Auftreten und Moderation einer Krise allein reichen nicht, um nach dem Abgang einer charismatischen Führungskraft die Wählergunst zu halten – jeder Spitzenpolitiker braucht inhaltliche Schwerpunkte, die er als seine eigene Initiative inszenieren kann.

→ Krisenbewältigung ist wichtig; gleichzeitig sollte dabei aber nicht untergehen, das eigene Regierungsprogramm umzusetzen.

→ Auf Dauer lassen sich systemische Herausforderungen – zum Beispiel Wirtschaftswachstum, Gesundheit und Pflege, Föderalismus – nicht lösen, indem man sie mit noch mehr Steuergeld bewirft; schon allein, weil es einem irgendwann ausgeht.

→ Gerade Krisen können ein Impuls für Reformen sein, wie die Abschaffung der Kalten Progression zeigt – aber man muss sie zu Ende denken, etwa wie man sie langfristig finanziert.

NACHWORT

Für mich persönlich haben die intensiven Krisenjahre der österreichischen Politik einen klaren Anfangspunkt. Im Sommer 2015, ich war damals Redakteur beim Österreich-Ableger der NZZ, habe ich ein paar Wochen lang für die Medienakademie des Forum Alpbach gearbeitet. Einen Tag hatte ich mir frei genommen, um etwas zu tun, das ich schon seit ein paar Jahren vorhatte: Ich bin auf den höchsten Berg des Alpbachtals gestiegen, den Großen Galtenberg.

Ein paar Stunden war ich an diesem Tag nicht erreichbar, auf 2424 Metern hatte ich keinen Empfang. Erst als ich wieder am Weg ins Tal war, hat mein Handy wie verrückt angefangen zu brummen: Im Zehnminutentakt hatte die APA, die österreichische Presseagentur, »Eilt«-Meldungen per SMS geschickt: »Zahlreiche tote Flüchtlinge in Schlepperfahrzeug auf der A4« – »Flüchtlingstragödie: PK Mikl-Leitner 13 Uhr in Eisenstadt« – »Offenbar mindestens 30 Tote«.

Das war der 27. August 2015. Und seit ich von diesem Berg heruntergekommen bin, ist die Republik gefühlt nie mehr zur Ruhe gekommen.

Wenn Sie bis hierher gelesen haben, sind Sie jetzt vertraut mit zehn Jahren Krisenpolitik. Vielleicht fragen Sie sich, ob das nicht alles auch ganz anders hätte kommen können: Was wäre gewesen, hätte Sebastian Kurz zum Beispiel Ende 2021 nicht dem Druck der Grünen und einiger Landeshauptleute nachgegeben und wäre Kanzler geblieben? Oder hätte Norbert Hofer die Stichwahl gegen Alexander Van der Bellen gewonnen, was hätte das für die Ibiza-Folgen bedeutet – ob er wohl Herbert Kickl als Innenminister entlassen hätte? Oder wenn Werner Faymann sich in dieser Nacht 2015, eine Woche nach den Toten von Parndorf, auf den Standpunkt gestellt hätte, wir machen die Grenzen dicht, niemand kommt von Ungarn herein. Und so weiter.

Solche Gedankenspiele sind genau für eine Sache hilfreich: Sie zeigen, wie schwer es ist, die Tragweite politischer Entscheidungen abzusehen. Wenn nicht einmal wir mit dem Wissen, was sich seither alles zugetragen hat, ein einigermaßen konkretes Alternativszenario mit allen Konsequenzen durchdenken können, spricht das Bände darüber, wie wenig man eigentlich weiß, wenn man mitten in einer Krise vor einer Entscheidung steht.

Und zwar nicht nur als politischer Amtsträger – die immerhin ihre Beamten- und Parteiapparate als Unterstützung haben –, sondern auch und ganz besonders als Wähler. So wie es für ÖVP und Grüne unabsehbar war, dass sie nur wenige Wochen nach ihren Koalitionsverhandlungen eine Pandemie würden moderieren müssen, war auch uns Bürgern bei der Nationalratswahl 2019 nicht klar, dass wir mit unserer Stimme entscheiden würden, wer über den Lockdown bestimmt und darüber, auf welcher Seite wir in einem Krieg in unserer europäischen Nachbarschaft stehen.

Ich formuliere das so, weil es für mich eine der Lektionen ist, die ich aus diesen vergangenen zehn Jahren in einen Wahlkampf mitnehme, in dem viel die Rede davon sein wird, wer welches Programm verspricht, oder wer die Wahl zum Tag der Abrechnung für die Unbill der letzten Jahre machen möchte. Das sind natürlich alles legitime Wahlversprechen und Motive, sich für die eine oder andere Partei zu entscheiden – aber wenn die Krisen der vergangenen Jahre ein Indikator sind, dann sollten wir uns als Wähler bei unserer Entscheidung nicht zuletzt auch fragen: Traue ich diesem Kandidaten, dieser Partei zu, die Republik im Ernstfall durch eine unerwartete Krise zu führen? Mit Ausnahme von Brigitte

Bierlein hat keiner der sechs Kanzler, die Österreich in den vergangenen zehn Jahren gehabt hat, eine vorhersehbare Amtszeit gehabt, sie alle haben darauf auf ihre Weise reagiert.

Fast noch wichtiger finde ich nach diesen zehn Jahren die Frage: Welcher Partei traue ich zu, Österreich fit für absehbare Krisen zu machen? Dass in der Europäischen Union das Dublin-System und innerhalb Österreichs die Verteilung von Asylwerbern auf die Länder dysfunktional ist, war Jahre vor der Migrationskrise 2015 offensichtlich – korrigiert hat es keiner, bis auf einmal die Massen an der Grenze standen. Dass Österreich organisatorisch und personell nicht gut aufgestellt war für eine Pandemie, darauf haben Beamte über Jahre hingewiesen – bis die Seuche da war. Dass die Abhängigkeit Österreichs von Russland wirtschaftlich und geopolitisch problematisch sein könnte, ist im In- und Ausland schon lange vor 2022 kritisiert worden – Konsequenzen hat daraus in der Regierung niemand gezogen.

Die Lehre daraus für die nächsten Regierungen wäre, den Staat so aufzustellen, dass er zumindest absehbare Krisen bewältigen kann. Das betrifft internationale Abhängigkeiten – von China zum Beispiel, dessen Kriegsrhetorik Richtung Taiwan von Tag zu Tag beängstigender wird – genauso wie nationale Versäumnisse; nicht einmal eine in der Pandemie versprochene Aktualisierung des Epidemiegesetzes oder eine durch die Russland-Krise ausgelöste Überarbeitung der österreichischen Sicherheitsstrategie hat es bisher durchs Parlament geschafft.

Dazu droht die Republik zunehmend in finanzielle Schieflage zu kommen. Im Jahr 2024 hat das Finanzministerium Ausgaben von 123 Milliarden Euro budgetiert – bei Einnahmen von nur rund 103 Milliarden Euro. Prüf- und Beratungsgremien wie der Fiskalrat schlagen bereits jetzt Alarm, dass

Österreich droht, die EU-Budgetrichtlinien zu sprengen. Und durch die weitgehende Abschaffung der Kalten Progression, der automatischen Vorrückung in höhere Steuerstufen bei steigenden Einkommen, hat die Republik auch auf die automatische Linderung des staatlichen Defizits auf Kosten der Steuerzahler verzichtet – was für Letztere angenehm ist, das Loch im Haushalt aber noch schlimmer macht.

Das ist mit Blick auf die vergangenen zehn Jahre keine gute Ausgangslage: Um auf große Krisen reagieren zu können, braucht ein Staat finanziellen Spielraum für Entlastungen, Förderungen oder sonstige Nothilfen. Das Problem Österreichs ist dabei nicht, dass die Republik in der Krise selbst Schulden aufgenommen hat, sondern dass es die Staatsfinanzen zwischen den Krisen ebenfalls kaum unter Kontrolle hatte. Allein 2019 hat der Bund zum ersten Mal seit 1954 ein Nulldefizit erwirtschaftet – worauf das Parlament im »Spiel der freien Kräfte« reagiert hat, indem es Wahlzuckerl in Rekordhöhe verteilte. Das ist kein nachhaltiges Modell, besonders jetzt nicht, wo sich Jahre schwachen Wachstums und in Teilen der Wirtschaft sogar eine Rezession abzeichnen.

All das Gesagte – die Republik auf absehbare Krisen vorzubereiten und ein zumindest halbwegs ausgeglichenes, nachhaltiges Budget zu führen – sollte in einem zivilisierten Staat eigentlich selbstverständlich sein, quasi die »Baseline« für alle, die Verantwortung in diesem Staat wollen, bevor sie noch mit ihren eigenen politischen Wünschen kommen. Wie das Jahrzehnt der Krisen zeigt, das wir gerade erlebt haben, ist es das leider nicht: Statt in ruhigen Jahren harte Sparpakete zu schnüren, verteilten die Koalitionen sprudelnde Steuereinnahmen lieber gleich wieder um; selbst neue Steuern wie die »CO_2-Abgabe« durften nie den Eindruck erwecken, irgendwem wehzutun, kamen mit einem eigenen Verteilmechanismus. Und die institutionalisierte staatliche Verwaltung, über Jahrzehnte ein Stabilitäts- und Kompetenzanker der Republik, hat man durch parteipolitischen Durchgriff der Kabinette und Generalsekretariate oder schlichte Nicht-Besetzung weiter unterhöhlt.

Darin liegt auch die langfristige Gefahr im Zerfall des rot-schwarzen Machtautomatismus: Dass Parteien sich solchen Populismen – die Pflicht des Regierens liegen zu lassen und sich stattdessen nur auf die Inszenierung der eigenen Inhalte zu konzentrieren – umso ungehemmter hingeben, weil sie in einem dynamischeren System wissen, ohnehin nicht mehr kontinuierlich an der Macht zu sein.

Denn wie wird die Republik in Zukunft aussehen, wenn die ehemals staatstragenden Parteien ÖVP und SPÖ dauerhaft unter 50 Prozent liegen, wenn nach und nach auch ihre Vorherrschaften in den Bundesländern erodieren? Positiv gesprochen: Es wird eine echte Republik sein, mit wechselnden Koalitionen – nicht nur Zweierbündnisse wie bisher, sondern auch Dreierbündnisse und, wenn es um Verfassungsfragen geht, vielleicht sogar noch breitere Allianzen.

Das mag politisch anstrengender sein, ist aber durchaus machbar – andere Staaten wie die Niederlande oder Dänemark leben schon lange vor, dass man mit mehreren Parteien regieren und trotzdem ein präsentabler Staat sein kann, und unsere Bundesverfassung ist in all ihrer Schönheit und Eleganz auch für breite Regierungen geeignet.

Damit das gut geht, bräuchte es aber einen Mindestkonsens über die Parteien hinweg: Dass der Staat mit seinen Institutionen – Beamtenschaft, Bürokratie, Finanzen – stark, nachhaltig und krisenfest aufgestellt sein muss, unabhängig davon, wer gerade an seiner Spitze steht. Nur so lässt sich Resilienz aufbauen, nur so kann das Know-how des Regierens in Zeiten häufig wechselnder Koalitionen bestehen bleiben. Es wäre im Interesse von Parteien und Bürgern, den Staat entsprechend einzurichten, die österreichische Verwaltungskultur zu erneuern und zu schützen – denn die nächste Krise kommt bestimmt.

Georg Renner
Wilhelmsburg, Juni 2024

DANKSAGUNG

Mein Dank gilt allen Kolleginnen und Kollegen, die in diesen wilden Jahren und darüber hinaus die österreichische Politik begleitet, recherchiert und für die Bürger nachvollziehbar gemacht haben. Die großen Züge der Politik sieht man zuallererst in den täglichen Details – und ohne die Medien, die sie transportieren, blieben sie im Verborgenen. Viele Details, auf die ich mich in diesem Buch beziehe, sind zuerst in Qualitätsmedien publiziert worden, unter anderem in *Presse*, *Standard*, *Kurier*, *Profil*, *Datum*, *Falter*, von der APA und dem ORF. Unter den internationalen Formaten seien unter anderem die *Zeit*, der *Spiegel* und die *Süddeutsche Zeitung* erwähnt.

Dank gebührt auch zahlreichen Gesprächspartnern im politischen Betrieb, in den Kabinetten, im Parlament und in den Ländern, die mir über ihre Erfahrungen in den Maschinenräumen der Republik erzählt haben. Demokratie lebt vom Diskurs, und die Öffentlichkeit ist ein wichtiger Teil davon.

Ich danke dem Verlag für das Vertrauen und die Möglichkeit, diesen Abriss zu publizieren. Sophia Angerer und Markus Honsig haben dieses Projekt begleitet, danke für Feedback, Faktenchecks und viel Geduld mit einem Autoren-Neuling.

Zuletzt, aber in Wirklichkeit zuallererst: Besonderer Dank gilt meiner Familie und meinen Freunden (besonders einer Twilight-Imperium-Runde in Transdanubien), die mich bei der Fertigstellung dieses Werks ge- und unterstützt haben.

Falls Sie, liebe Leserinnen und Leser, Feedback haben, freue ich mich darüber. Öffentlich erreichen Sie mich über meine Social-Media-Kanäle auf Twitter, Facebook oder LinkedIn, persönlich per Mail unter georg.renner@istdaswichtig.at. Vielen Dank fürs Lesen – ich hoffe, es war Ihnen nützlich.

Georg Renner, 41 Jahre alt, geborener und überzeugter Niederösterreicher, ist seit vielen Jahren Politik-Journalist. Zuletzt hat er das Innenpolitik-Ressort der *Kleinen Zeitung* in Wien geleitet, zuvor arbeitete er für *Die Presse, NZZ.at* und *Addendum.* Seit 2023 ist er freiberuflich tätig, schreibt für die *Wiener Zeitung* und *DATUM,* moderiert einen Podcast und lehrt Journalismus an der Fachhochschule Wiener Neustadt.